介護保険が危ない！

上野千鶴子
樋口恵子　編

岩波ブックレット No. 1024

目次

＊本書は、二〇二〇年一月一四日の、「介護保険の後退を絶対に許さない！ 1・14院内集会」(NPO法人高齢社会をよくする女性の会、認定NPO法人ウィメンズアクションネットワーク共催)の記録に基づいて編集されたものです。

はじめに

上野千鶴子

それは樋口恵子さんと上野の、立ち話から始まった……。ふたりの女の思いつきが、共感の輪を拡げて、三〇〇人の怒りの声を上げる場にこぎつけた。二〇二〇年一月一四日、「介護保険の後退を絶対に許さない！　1・14院内集会」である。主催団体は樋口さんが代表を務める「認定NPO法人高齢社会をよくする女性の会」、もうひとつが上野が理事長を務める「NPO法人ウィメンズアクションネットワーク」。「バアサンもジイサンも家族も介護従業者も事業者も医療者も、み〜んな怒ってるぞお〜」というかけ声に、利用者もケアマネジャーもホームヘルパーもデイサービス事業者も、在宅医も訪問看護師も一堂に集まった。本書はその集会の記録に基づいてつくられた。

それ以前から、何やら介護保険の雲行きがあやしいことに気がついていた。介護保険は今年二〇歳を迎える。思えば介護保険は、生まれてこの方「被虐待児」と呼ばれてきた。三年に一度の改定を仕込んだこの法律は、三年ごとに使い勝手が悪くなってきたからだ。二〇〇〇年のスタートに当たって各地で利用者の掘り起こしが行われたのは初年度のみ、三年目にはあっというまに利用抑制に転じていた。その後も介護報酬減額や同居家族への利用制限など「不適切利用」への指導が続いた。二〇〇五年には要介護1を介護保険からはずして要支援1・2へ、二〇〇六年の報酬改定では在宅も施設も減額、個室特養（特別養護老人ホーム）にはホテルコストが導入された。各種の事業者には加算がついたが、どれも利用者の負担をおしあげた。そして二〇一四年、特養への入居資格条件が要介護3以上に厳格化、所得に応じて自己負担率が一割から二割へ、さらに三割へと増額した。そこへ二〇二〇年に予定されている改定で、ケアプランの有料化や軽度者の地域総合事業への移行などが、審議会で検討されそうだという情報が入ってきた。

なんとなくシナリオは見えている。政府の意向は、介護保険を要介護重度の3・4・5の三段階程度に設定し、生活援助をはずして身体介護に限定し、所得に応じて自己負担率を上げ、足りないところは自費サービスを使ってもらって高齢者のフトコロからお金を放出してもらおう、というものだろう。だが改定案を小出しにするので全貌が見えにくい。情報もゆきわたらず、メディアの関心も薄い。どれもこれも、社会保障費を抑制したいという「不純な動機」からだ。医療保険財政の二の舞だけは避けたいという、「制度の持続可能性」が錦の御旗になっている。

いまさら介護保険のない時代には戻れない。介護保険廃止、などと唱えたら、その政治家の政治生命は直ちに終わるだろう。そのくらい介護保険の恩恵は国民のあいだに浸透している。だが、制度はあっても使い勝手を悪くすることで使えなくしていく……これを制度の空洞化、という。それが得意ワザなのが、政治家と官僚だ。

介護保険は「失われた九〇年代」に日本国民が成し遂げた改革のうちで、もっとも影響力の大きい達成だったと思う。日本は「介護の社会化」への巨大な一歩を踏み出し、その恩恵を多くの高齢者とその家族が受け取った。介護の社会化とは別名、「脱家族化」のことだが、介護保険の後退で介護の「再家族化」が起きかねない状況に、わたしたちは直面している。

介護保険はもともと高齢者の在宅支援が制度の設計趣旨だった。その在宅に、もはや家族の介護力はない。介護保険施行後二〇年のあいだに、家族は大きく変貌し、高齢者のみの世帯と高齢者独居世帯はあわせて五割を超えた。今や在宅介護と家族介護とは同じではない。家族の介護力が失われた高齢者の在宅生活を支えるには、介護保険の力が不可欠だというのに、政府の改定方針は、高齢者の在宅生活を困難にする方向に向かっている。

わたしたちの危機感は深かった。政府のシナリオを、なんとしても世論の力で押し戻したい！同じように危機感を抱いたひとたちが、各地ですでに抗議声明を出したり、抗議署名を始めていた。お声をかけたら、直ちにふたつの団体を越えた強力な実行委員会がスタートし、当日は全国各地からぞくぞくと参加者が集まった。現場のひとたちの危機感もまた深かったのだ。

制度と権利は向こうから歩いてやってこない。のぞんだものとは違うものを差し出されることもある。そして手に入れたと思ったものも、いつのまにか、掘り崩され、奪われている。今あるものさえ、闘い続けなければ奪われることもある。

このままでは介護保険が危ない！ということはつまり、あなたの親とあなた自身の老後が危ない、ということだ。あなたの子どもの人生も危ない、ということだ。事業者とワーカーの将来も危ないということだ。どこがどう危ないのか？　衆議院議員会館を熱気に包んだ現場の当事者たちの声を届けたい。

介護保険をつくるのも守るのも、わたしたち市民の力だ。いったんひっこめたかに見える政府の改定案は、ほとぼりがさめたころにまた登場するだろう。それを監視し、いつでも押し戻す力を蓄えておきたい。そのためにも本書は役に立つはずだ。

第Ⅰ部　介護保険が危ない！

1　「介護の社会化」はどこへ行ったのか

袖井孝子

「介護の社会化」という高い理想を掲げて二〇〇〇年にスタートした介護保険制度ですが、二〇年後の今日、見るも無残に変貌を遂げてしまいました。所得や家族構成に関わりなく、必要とする人にはサービスが提供されるはずでしたが、予想を上回る高齢化のスピードと景気悪化の結果、財源も人材も不足し、そうした理想を実現するには程遠い状況に追い込まれることになりました。

一九八三年に創設された「高齢化社会をよくする女性の会」（一九九四年、「高齢社会をよくする女性の会」と改称）の活動目標の一つは、「嫁を介護地獄から救い出す」ことでした。介護保険制度が施行される前、在宅介護の大部分を担っていたのは息子の妻、すなわち嫁でした。彼女たちは、自分を犠牲にして、舅姑のために日夜心身をすり減らしていたのです。

介護保険制度は、「家族構成に関わりなく」を標榜していたにもかかわらず、外部サービスのみで要介護者が在宅生活を続けることは困難でした。家族介護者がいることを前提にした介護保険制度は、三世代世帯が減少し、老夫婦のみ世帯や高齢者のひとり暮らし世帯が増えるといった家族構成の変化に対応しきれないままで来てしまったのです。夫婦のみ世帯では、介護者がいたとしてもその人も介護を必要とすることが多く、高齢者どうしで介護し合う老老介護や認知症の人どうしで介護し合う認認介護も見られるようになりました。ひとり暮らし世帯では、介護を頼める家族がいません。三世代世帯の減少で、嫁は介護地獄から解放されましたが、家庭内に介護を担ってくれる人のいない高齢世帯では、日々の生活にも支障をきたすようになりました。

介護保険制度が改正(改悪)されるたびに掃除、洗濯、調理、買い物などの生活援助は削減されてきています。介護保険制度がスタートした当初から、身体介護に比べて生活援助は低く評価されてきました。その背景に、「家事は女ならば誰でもできる」といったジェンダーバイアスがあったことは確かです。事実、そう公言していた高名な社会福祉の専門家(男性)もいました。生活援助の軽視は、生活援助の削減やそれを地域の助け合いに任せる介護予防・日常生活支援総合事業に移すという厚生労働省の方針に示されています。家庭内に介護を担う人のいないひとり暮らしの人や、いたとしても老齢病弱の夫婦のみ世帯にとって、生活援助の削減は暮らしを直撃し、憲法二五条に示される「健康で文化的な最低限度の生活」を営むことを困難にします。人間らしい生活を営むという基本的人権さえも脅かされるおそれがあるのです。

「所得に関わりなく」という条件は、応益負担という概念に示されていました。介護保険以前には、社会保険といえば応能負担が当たり前で、所得に応じて負担額が決まっていました。利用するサービスに応じて負担するという応益負担の概念は非常に新鮮でした。しかし、はたしてこうした制度が維持できるのかという疑念は、スタート時からありました。

介護保険制度が施行される前後に特別養護老人ホームに入居していた私の母親は、施行前には扶養義務者である兄が月一〇万円あまりを支払っていました。しかし、施行後は、それが半減したのです。当時は、部屋代も食費も負担する必要がなかったので、負担するのはほぼ介護費用だけでした。その後、特養では部屋代や食費を徴収するようになりました。

そして、二〇一四年からは所得に応じて介護サービスの自己負担は二割になり、二〇一七年には現役並みの所得のある人は三割になりました。つまり応益負担は雲散霧消してしまったのです。このことについて、厚生労働省も、それを奨励した学者たちも一言も言及していないのはなぜなのでしょうか。

私自身、応益負担は成り立たないのではと最初から思ってはいましたが、こうしてなし崩しに制度が後退していくことについて危惧の念を抱いています。日本では制度政策の効果についてほとんど検証がなされていません。介護保険制度については、軽度要介護者はサービスを使いすぎて、かえって能力を低下させているという調査結果が発表され、軽度者に対する生活援助の削減の根拠にされたことがあります。しかし、その調査は限られた地域の限られた対象者への調査結果であることが明らかにされ、その後、使われることはなくなりました。

私たちは、検証することなしに、つぎつぎと制度を変えていくという安易な改変には反対の声を上げていく必要があります。今こそ、「介護の社会化」とは何か、「介護の社会化」を実現するにはどうすればよいのかを真剣に問う時期ではないでしょうか。

（そでい　たかこ・NPO法人高齢社会をよくする女性の会副理事長）

2 「机上の介護」に怒りを！

小竹雅子

私は一九九八年から、介護保険制度をめぐり、電話相談の市民活動を続けています。二〇〇三年以降は、介護保険法の見直しを検討する社会保障審議会介護保険部会、介護報酬の改定を議論する同審議会介護給付費分科会を傍聴し、メールマガジン『市民福祉情報』(無料配信)で紹介しています。

介護保険は、認定を受けた人に給付する、つまり、サービスを提供するのが基本です。しかし二〇〇五年、介護保険法の最初の大きな改正で予防給付が新設され、サービスが予防給付と介護給付のふたつになり、認定も要支援と要介護に分かれました。要支援の人には「予防が必要だ」との理由で、人気の高かったホームヘルプサービスとデイサービスの利用が縮小されました。

二〇一四年の改正では、「地域包括ケアシステムの構築」のために、このふたつのサービスは給付からはずされ、地域支援事業の介護予防・日常生活支援総合事業に移されました。

給付と総合事業は、財源構成は同じだと説明されます。給付の場合、介護が必要と認定された利用者が増えるにつれて、費用が当初予算より多く必要になれば、政府や自治体は補正予算を組んで財源を確保する義務があります。しかし、総合事業は義務的経費ではありません。利用者が増えても、お金を比例的に増やさない市区町村の事業です。このため、介護保険の運営に責任を持つ保険者である市区町村は、増え続ける要支援の人のために、安い委託費で総合事業を担う住民団体やＮＰＯなどを増やすのに苦心しています。

また、「地域包括ケアシステムの構築」は、待機者が五〇万人を超えていた特別養護老人ホームの入所条件を、原則として要介護３以上に縮小しました。

二〇二〇年の通常国会に提出予定の改正プランについて、介護保険部会は『介護保険制度の見直しに関する意見』(二〇一九年一二月二七日)をまとめました。最初に置かれたのは、「健康寿命の延伸」です。まだ認定を受けていない〝介護予備軍〟の高齢者の「健康寿命」を七五歳まで延ばすため、「通いの場」を充実させるとしています。一方、認定を受けた人には「給付と負担」の八項目で、サービスを減らし、負担を増やす項目が並びます。

八項目は、⑴被保険者範囲・受給者範囲、⑵補足給付に関する給付の在り方、⑶多床室の室料負担、⑷ケアマネジメントに関する給付の在り方、⑸軽度者への生活援助サービス等に関する給付の在り方、⑹高額介護サービス費、⑺「現役並み所得」「一定以上所得」の判断基準、⑻現金給付です。このうち低所得の認定者のために施設サービス(ショートステイを含む)の食費と家賃を補助する⑵補足給付は、対象者の預貯金水準を厳しくする予定です。また、利用料が一定額を超えた場合、介護保険で償還する⑹高額介護サービス費は、「医療保険の現役並み所得」がある世帯は、限度額を引き上げ、利用者負担を増やす予定です。⑻現金給付は「現時点で導入することは適当ではない」とされ、残る五項目は「引き続き検討」です。しかし、いつ、どこに引き継ぐのかは、書いてありません。

ですが、二〇一九年一二月一九日、政府の全世代型社会保障検討会議は中間報告で、「予防・

介護」は「介護報酬、人員基準の見直しにより、持続可能性の高い介護提供体制の構築を進める」としています。同日、同じく政府の経済財政諮問会議の『新経済・財政再生計画改革工程表二〇一九』でも、「二〇一九年度の関係審議会における議論を踏まえ対応」と改めて資料があり、不安が高まります。

また、後から気づいたのですが、介護保険部会の『意見』では、総合事業を利用していた要支援の人が要介護に認定された場合、「それまで受けていた総合事業のサービスの利用が継続できなくなる点について、弾力化を行うことが重要である」とあるのです。現在、要介護認定の人はホームヘルプサービスとデイサービスの給付を受けられるけれど、新たに要介護認定になった人は給付の対象にしなくてもいいというのです。

私たちは、このような巧妙とも言える改正プランを受け入れていいのでしょうか？

介護保険は「介護の社会化」を掲げてスタートし、老老介護に介護離職、高齢者虐待など、家庭のなかに閉じ込められていた「介護問題の社会化」はできました。しかし、明らかになった課題への対策ではなく、「介護予防」から「健康寿命の延伸」をめざし、消費税増税分も含めて財源を使おうというのは、現実を「見ないふり」することではないでしょうか？

毎日新聞に、「役人が机の上でする介護」という川柳がありました。私は長く、社会保障審議会を傍聴していますが、認定を受けた人の全国的な実態調査の報告もありません。

「介護のある暮らし」の持続可能性を高めるために、「机の上でする介護」にもっと怒りましょう！

（おだけ　まさこ・市民福祉情報オフィス・ハスカップ主宰）

3　大切なのは生活へのサポート

藤原るか

私はホームヘルパーをしています。介護保険はもはや崖っぷちで、ヘルパーの労働条件がどんどん切り下げられるなかで、ここでどうしても歯止めをかけなければならないと思い、国家賠償訴訟を起こしました。裁判を起こすというのはなかなかできることではないのですが、国家賠償訴訟にひるまない弁護士さんを探して、仲間たちと提訴しました（ホームヘルパー国家賠償訴訟 https://helper-saiban.net/index.html）。

私が三〇年のヘルパー人生をかけて裁判を起こさなくてはいけないと思ったのは、二〇一四（平成二六）年度要介護認定における認定調査結果の資料（図参照）を基に、生活援助の必要性が論議されているからです。この図は、日常生活動作（ＡＤＬ）、つまり体が動くか動かないかだけに着目したものです。たとえば、何かにつかまって立っているだけで「歩行できる」と評価されます。

ですが、私たちヘルパーがサポートしてきたのは、本当に人間らしく、自分らしく生きることであり、ＡＤＬだけでなく、生活援助を通じて生活の質（ＱＯＬ）を高めることが重要です。しかし政府は、生活援助は誰でもできると考え、生活文化を軽視しています。

二〇一九年、要介護１と２も介護保険から外して介護予防・日常生活支援総合事業に移す案が出されました。「要介護１と２には生活援助のヘルパーは必要ない。ボランティアでいい」と政

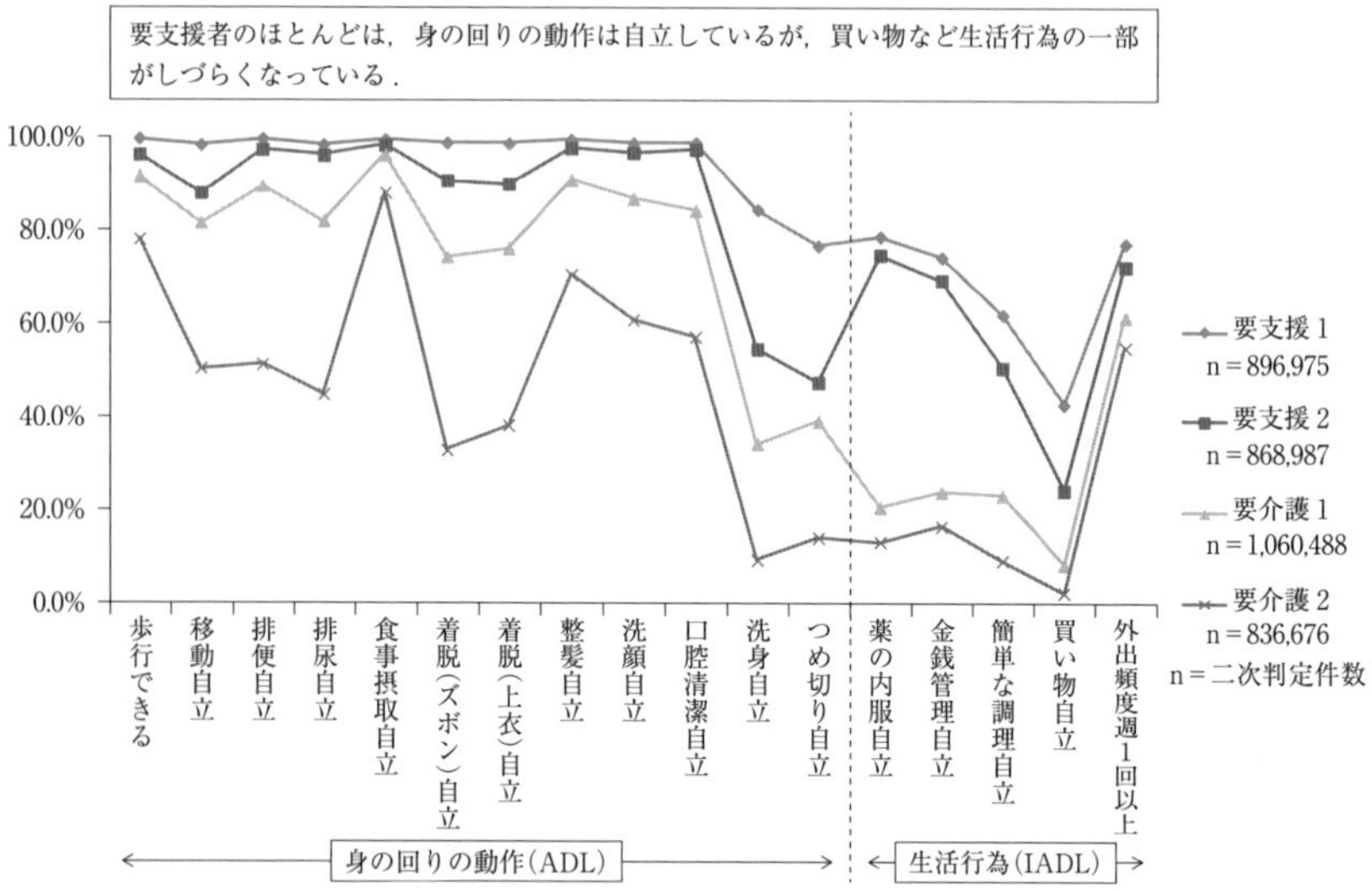

※1 「歩行できる」には，「何かにつかまればできる」を含む．
※2 2014(平成26)年度要介護認定における認定調査結果
（出典：介護保険総合データベース(2015年10月15日集計時点)）

図 要支援1～要介護2の認定調査結果

府は言いたいのでしょう。なぜならヘルパーの労働環境はひどい状況が変わりません。訪問先から訪問先への移動時間も待機時間も賃金には反映されませんし、利用予約がキャンセルされたら賃金は出ません。そういう部分に賃金を出せる事業所はないのです。そうすると事業所自体がつぶれてしまうからです。

私たちの裁判は、介護の労働環境を守り、「生活の質」・「介護の質」を国に保障させる闘いです。ぜひ応援してください。

（ふじわら　るか・共に介護を学び合い・励まし合いネットワーク主宰）

4　要介護1・2は軽度ではない

山木きょう子

私たち「アビリティクラブたすけあい（ACT）」は、ACT会員の有志がつくる「たすけあいワーカーズ」「ワーカーズ・まちの縁がわ」「居宅介護支援事業所」と連携し、家事援助、介護サービス、子育て支援などを中心に、地域でたすけあいのしくみづくりをしています。都内に約六〇〇〇人の会員がいます。一九九二年、介護保険制度がない時代から「自立援助サービス」に取り組んでおり、その後二〇〇〇年に介護保険制度に参入して、いまに至っています。

二〇一五年に要支援1と2の訪問介護と通所介護が市区町村の介護予防・日常生活支援総合事業に移されたときに、反対する署名活動を行って厚生労働省に提出したほか、院内集会、「介護の日フォーラム」も行い、この活動を四年間続けています。この間、介護の現場からは、生活援助を受けてやっと生活ができているという切実な声が聞かれます。

二〇一九年、要介護1と2も介護保険から総合事業に移す案が出されました。国は要介護1と2を軽度だとしていますが、決してそうではありません。要介護1と2は認知症の方も少なくなく、生活援助がなければ暮らせません。総合事業になると、運営は自治体に任されますから、その自治体にお金がなければ、要介護1と2の方への生活援助はさらに縮小されてしまいます。

介護保険制度は、国の責任で介護サービスの給付を行うものです。要介護1と2の方が給付を受けられなくなるのはおかしい。そこでまた署名を集め、二〇一九年一〇月に院内集会を行い、多くの人にこのことを訴えました。結果として、要介護1と2の総合事業化は先送りになりましたが、予断を許しません。

また、ケアプラン作成の有料化案も出ましたが、これも先送りになりました。有料化されたら、必要があってもケアプランを立てること自体を控えてしまうでしょう。その間に要介護度が進み、いざケアプランを立てなくてはならなくなったときには、重度になってしまっています。

こうしたことが続けば、この国の社会保障制度はどうなってしまうのでしょうか。この問題を伝えるために、これからも、多くの力を結集して、介護保険のさらなる切り下げを何としても食い止めたいと思っています。

（やまき　きょうこ・NPO法人アビリティクラブたすけあい（ACT）理事）

5　これ以上利用者負担を増やしてはいけない

服部万里子

私が所長を務めている服部メディカル研究所は、一九九九年に東京都渋谷区でNPO法人渋谷介護サポートセンターを設立し、ケアマネジメント単独の事業を行っています。ここではケアマネジャーを二〇年続けてきた者の視点から介護保険について考えたいと思います。

介護保険法はこれまで五回改定され、介護報酬は七回改定されてきました。その度に利用者負担は一割、二割、三割と増え、使えるサービスは減らされていきました。たとえば、要支援1と2の訪問介護、通所介護が外され、デイサービスとショートステイの自己負担が増えています。

負担が増えてサービスが使いづらくなり、かつ二〇一八年の介護報酬改定では、市区町村に競争させて、成果に合わせて交付金を出すというように、市区町村を通じてサービスをコントロールする動きが出てきています。

こういう流れのなかで、二〇一九年には要介護1と2のデイサービスと生活援助を市区町村の介護予防・日常生活支援総合事業に移す案が出てきました。いまのところ先送りになっていますが、介護保険サービスから外されれば、デイサービス利用者の六七%が使えなくなり、訪問介護の利用者で要介護1・2の人の六割が生活援助を使えなくなる。また、これも先送りにされましたが、もし利用者負担が一律二割になれば、現状で一割負担の方が九一%なので、九割の方の負担が二倍になります。やはり私たちは声を上げなければいけないと思います。

ケアマネジメントについては、ケアプラン作成を利用者の自己負担にする案が出ました。これも先送りになっていますが、今後必ず有料化する方針と思われます。ケアプラン作成はソーシャルワークであり、利用者が負担するものではありません。そこに利用者負担を入れても、ケアマネジャーの質が向上するわけではありません。逆に、それによってケアマネの手足をしばることになると予想されます。居宅介護支援事業所は過去一八年間赤字が続いています。そういう苦しいなかでケアマネは何とか頑張っていますが、二〇一八年度には、ケアマネの試験受験者数は前年度から六三%減っています(二〇一七年度一三万一五六〇人、二〇一八年度四万九三三二人)。ケアマネはもはや誰もやりたくない仕事になりかかっています。これでは利用者と共に歩むことはできません。

いま安倍内閣は全世代型社会保障と共生型サービスを進めています。二〇一六年には「我が事・丸ごと」の地域共生社会を打ち出し、ニッポン一億総活躍プランも実施しています。これは、児童福祉も障害者福祉も高齢者福祉も、すべて社会保険でやろうというアイディアです。働く人の保険料で児童福祉・障害者(身体・知的・精神障害者)福祉も高齢者福祉もまかなう社会保険に変える。ですが社会保険になると、保険料を払っていない人は利用できません。また、サービスが必要な人は利用すればするだけ負担が増えます。これを許してはいけない。国が何をしようとしているのか、しっかり見ていかなくてはいけないと思います。

(はっとり まりこ・服部メディカル研究所所長)

6　訪問介護の人材難は制度改定が原因である

辻本きく夫

私は訪問介護事業を行っています。現在、人材不足のため多くの訪問介護事業所で新しい仕事が受けられない状況になっています。求人広告を出しても電話は鳴らず、全く人材がいません。一方で、従業者の多くは六〇代、七〇代で、時間が経てば当然いなくなってしまいます。

この極端な人材不足の背景には、これまで六回行われた介護保険制度の改定があります。とくに、生活援助をあたかも家事の代行であるがごとく言う社会保障審議会の委員が多く、結果として二〇〇六年に生活援助が一・五時間となり、二〇一二年に一時間に短縮され、そして二〇一五年に要支援1と2が介護予防・日常生活支援総合事業に移されました。なおかつ次の介護保険法の改定においては、要介護1と2の人の生活援助まで総合事業に移そうという提案がなされました。これは結局先送りになりましたが、その提案だけで、訪問介護の現場にはたいへん大きな失望が広がりました。

しかし、生活援助は決して家事代行ではありません。これは高齢で支援が必要になった人たちを、いろいろな面で支援するものです。訪問介護の職員は皆、高齢者を支えているという強い自負を持って仕事をしています。にもかかわらず、制度改定のたびに仕事の価値を否定されてきたことによって、現場を担う人がどんどん減っている。これほど極端な人材不足の原因は、制度改定そのものであるというのが私の主張です。

やはり在宅介護の要と言える訪問介護を立て直すことが、介護保険のこれからにとって一番大切です。生活援助よりも身体介護の方が難しいとは限らず、そうでない場合もたくさんあります。私は生活援助と身体介護の区別をなくして一本化するのがいいと思っています。そのことが、利用者と介護者を共に支える「介護の社会化」につながります。

また、現場の判断で必要なサービスが提供できるような柔軟な制度に変えていくことが、利用者にとっても従業者にとっても一番いいことだと思います。訪問介護の仕事が誰にとっても魅力的に見えるようにならない限り、訪問介護をやろうという人は今後出てこないでしょう。

（つじもと　きくお・NPO法人ソーシャルケア清和会代表理事）

7　国にないのはお金ではなく理念

惣万佳代子

国はお金がない、財源がないと言いますが、一番ないのは理念です。

二〇一九年、福井県敦賀市で、一人でおじいちゃんとおばあちゃんと旦那さんを介護していたお嫁さんが、三人を殺害しました。村で一番いいお嫁さんだったらしいんです。なぜ殺したのか、それは分かりません。二〇二〇年で介護保険が始まって二〇年経つのですが、こうした殺人事件が起こらないように介護保険を始めたのではなかったでしょうか。あるいは、この家族には、もしかして介護保険を使えない理由があったのか。お金の問題なのかメンツの問題なのか……。

女性たちはいい嫁になることはないと思います。このお嫁さんはむしろ被害者だったのではないでしょうか。この事件が起こったのは、介護保険がしっかりしていないからです。お嫁さんは、「介護に疲れた」と言ったそうです。こんなひどい言葉はないでしょう。本当に腹が立ちます。

二〇一二年九月、富山県滑川《なめりかわ》市で、七八歳のお父さんと、精神障害のある四五歳の長女と、重い知的障害のある四〇歳の長男の三人の遺体が見つかりました。長女と長男は餓死した可能性が高いと、北日本新聞に掲載されました。発見されたとき、死後二週間から一カ月経っており、お盆の季節でしたからエアコンも扇風機もつけっぱなし、水道も流れっぱなし。炊飯ジャーにはご飯が残っていて、冷蔵庫にも食べ物があったにもかかわらず、三人とも亡くなっていた。人間は水だけで一カ月生きることができるのですが、この娘さんと息子さんは自分で水を飲む力がなく、お父さんに介助してもらっていたのでしょう。

この事件のとき、滑川市は「個人情報を守った」ために、支援することができなかったと言いました。私は頭に来て、個人情報を守ったとしても、三人の命が失われているのなら本末転倒だ、と新聞に投稿したのですが、「余計なことを言うな」と何度も批判されました。これがいまの日本なんです。

二〇二〇年一月、台湾の総統選挙では、蔡英文《さいえいぶん》総統に約八〇〇万人が投票し、勝利しました。二〇一九年に始まった香港市民運動に刺激されて、若者たちが蔡総統に投票したと言われています。蔡総統は、理念を重んじたから選挙に勝ったのだと思います。理念が大事です。「今日の香港は明日の台湾」を合い言葉に、武力や経済で脅しをかける中国に、台湾の人々は「NO」とはっきり言いました。今後、中国の台湾への態度が変わるのかどうか見ていきたい。

それから、香港の周庭（アグネス・チョウ）さん、環境問題で活動するグレタ・トゥーンベリさんも若い女性です。世界では女性たちが頑張っています。一九一八（大正七）年、富山県で米騒動が始まりました。漁師のお母さんたちが自分の子どもに米を食べさせたいと、米屋の蔵から米を担ぎ出し、それが全国に広がって、時の内閣を総辞職させています。米騒動は日本の民主主義の始まりだとも言われていますが、米騒動が見直され始めたのはつい最近のことです。私も代々続く漁師の娘なので、米騒動の精神を受け継いで、だめなものはだめと訴えていきたいと思っています。

（そうまん　かよこ・NPO法人このゆびとーまれ理事長）

8　消費税増税分はどこへ？

野入美津恵

二〇一九年一〇月に消費税が二ポイント上がって一〇%になりました。増税の理由として言われていたのは、増税分をすべて社会保障に回すということでした。ですが、本当に回っているのでしょうか。二〇一九年度は、介護、医療、年金、子ども・子育て、合わせて一二三・七兆円の社会保障給付費が使われています。かたや国は、一機一一六億円するF35戦闘機を一〇〇機以上買おうとしています。その費用を含む中期防衛力整備計画(二〇一九―二三年度)の予算総額が二七兆円。一二三・七兆円のうち、介護と子ども・子育てを含む福祉関係予算が二七・二兆円です。人を殺す戦闘機と、人を幸せにしようとする介護や子どもたち関係の予算が同じ額。これが日本の政府が考えている税金の使い方です。何かがおかしいのではないでしょうか。

二〇二〇年で介護保険が始まって二〇年です。介護現場の状況はどうでしょうか。よくなったでしょうか。私のところは小さい事業所なので、ほんとうに苦しく、たいへんです。人を雇おうと思ってもなかなか来てくれませんし、実際に働いてくれている人たちの処遇改善をしなくてはなりません。そのためには報酬の加算を取る必要があり、経営は難しいのですが、利用者さんたちの笑顔、働いている人たちの笑顔を守り続けたいと思っています。

行政の人には、一年でも一カ月でもいいから福祉の現場に行っていただきたい。そのうえで、本来の給料ではなく、事業所の出す給料でその期間働いてみてほしい。現場の労働に給料が見合うかどうか、ちゃんと検証をしてほしいのです。そうすれば、財源がないから福祉の予算を削るなどということは、まず考えられないと思います。他人のうんこ、おしっこをお世話しながら、幸せになろうと努力している現場にぜひ来てください。待っています。

私たちは、赤ちゃんからお年寄りまで、そして障害があっても、誰でも安心して暮らせる未来をつくりたい！


（のいり みつえ・NPO法人おらとこ理事長）

9　居場所と味方と誇り

大熊由紀子

一九八四年、朝日新聞科学部デスクから論説委員室に異動した私は驚きました。厚生行政最大の課題が、「西暦二〇〇〇年、日本の寝たきり老人は一〇〇万人になる。どうしよう」だったのです。老人病院に足を踏み入れ、心が締めつけられました。

誇りを剝《は》ぎ取られ、ウツロな表情で病院のベッドに横たわる「寝たきり老人」の集団、介護に疲れはてた「ヨメ」と呼ばれる人々（**写真1**）。

解決の糸口を見つけようと高齢化が日本より進んだヨーロッパの五つの国を訪ねました。驚いたことに、それらの国々には「寝たきり老人」という言葉も概念もありませんでした。とりわけ心惹かれたのがデンマークでした。ケアされる人もする人も実にいい笑顔なのです。

貯金をおろし、休みのたびに何度も訪ねて、その秘密をつきとめました（**写真2**）。
①生活の節目に現れるホームヘルパーが「手は出しすぎない、けれど目は離さない」プロ。そ

の月収は約四八万円で勤務医の約六割。
②誇りと願いを大事にして、必要なサービスを組み合わせる訪問ナースという司令塔。
③入院中からたてられる退院後のプラン。
④自立を助けるさまざまな補助器具。車いすでも動きやすい台所やトイレへの住宅改善。
⑤国民すべてがもつ家庭医という専門医。
⑥市区町村に、現場に、権限と責任。
⑦「財布を預けて、安心と連帯」という、政治や行政への信頼の文化。

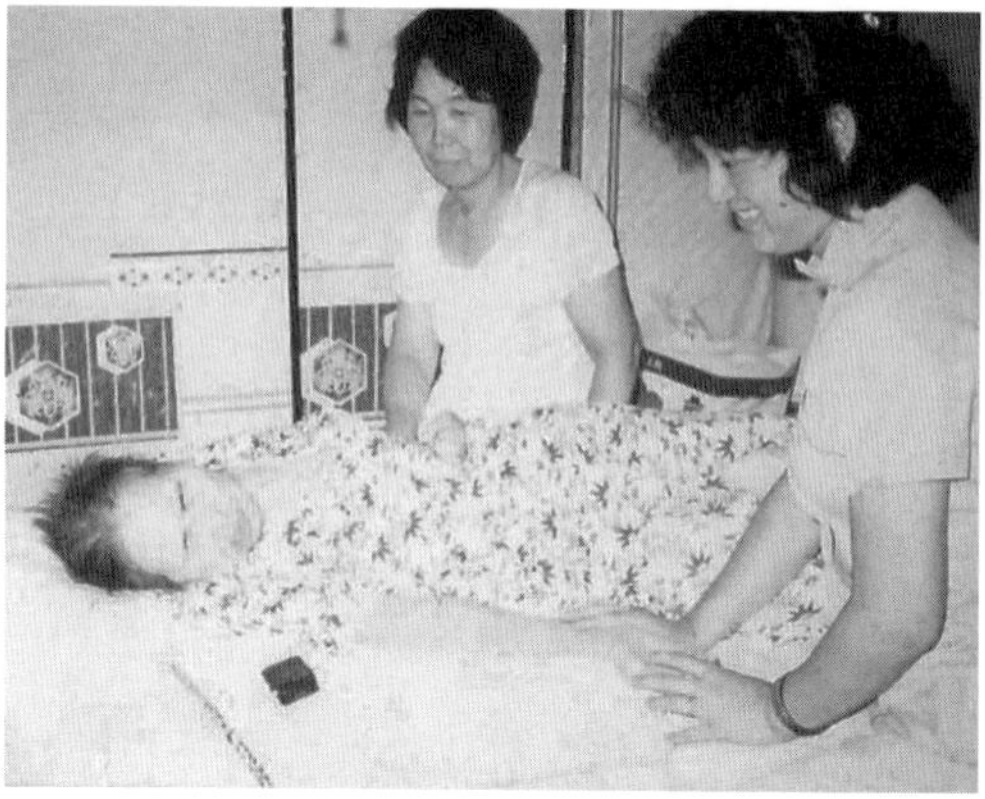

写真1　筆者撮影

このような「発見」を私は、朝日新聞の社説に書き、『「寝たきり老人」のいる国いない国――真の豊かさへの挑戦』(ぶどう社、一九九〇年)にまとめました。この本は三一刷になり、「寝たきり老人は、寝かせきりにされ、廃用症候群におちいった犠牲者」という概念が定着しました。

本の第一章は介護保険制度のメニューになりました。週に一度、掃除にきてくれる家庭奉仕員から身体介護も手がけるホームヘルパーに。訪問ナースの司令塔の役割は、ケアマネジャーに。一九九三年には福祉用具法も成立しました。遅ればせながら日本医師会も「かかりつけ医」という仕組みを定着させようとしています。けれど、ホームヘルパーの待遇は低く抑えられました。

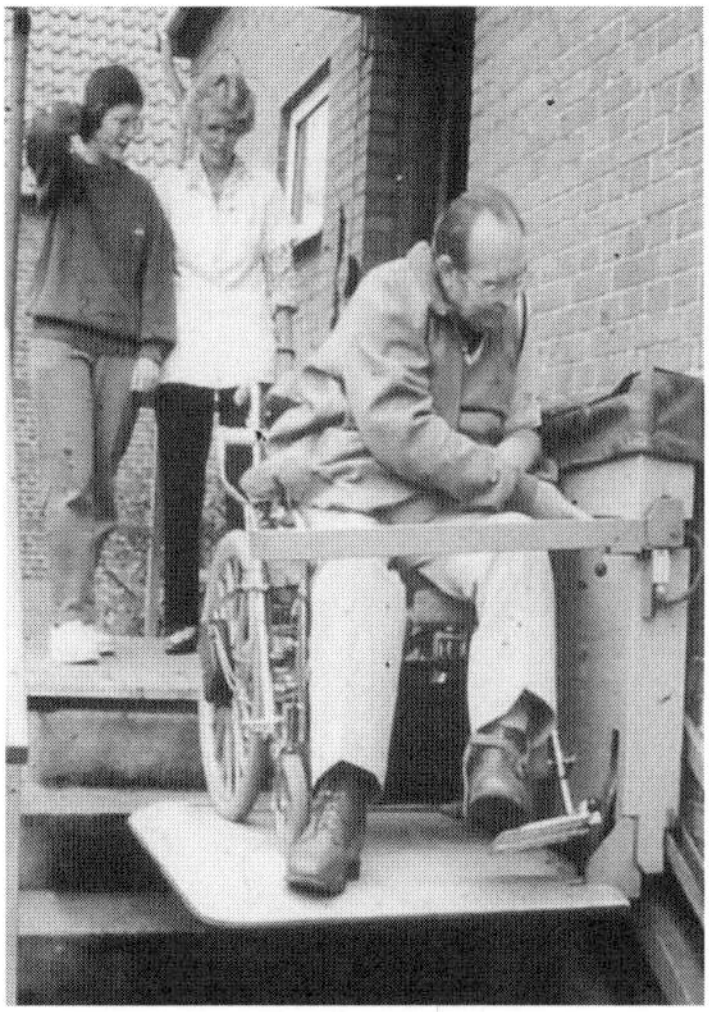

写真2　筆者撮影

写真3　このゆびとーまれ提供

これが、介護保険制度の根幹を揺るがせています。⑥⑦の文化も定着しませんでした。

介護保険がスタートして二〇年。政策立案当時には念頭になかった認知症が深刻な問題になりました。日本の精神病院ベッドは世界の二割を占めます。人口は世界の二%なのに、です。その精神病院が認知症病棟をつくり、増え続けています。国際的に例のないことです。認知症の人にもっとも不向きな環境だからです。NHKは、精神病院協会のトップの病院での身体拘束を報じました。

一方、日本には、世界の専門家が感動する認知症ケアがあります。**写真3**は、惣万《そうまん》佳代子さん（本書第I部第7章参照）、西村和美さんたちが始めた「このゆびとーまれ」の名物だったキヨさんです。玄関で笑顔でお客を迎えるので、代表の惣万さんと錯覚する人がいます。赤ちゃんを抱いてあやしたりする名人なので、ボランティアだと思いこむ訪問者も少なくありません。

キヨさんは実は、重症の認知症です。自宅にいたときは、排泄物を靴の中に詰め込んだり、「実家に帰る」と行方不明になったり。ここにきて、がらっと変わりました。「魔法」は、居場所と味方。そして、頼られているという誇り。これからのケアのキーワードです。


（おおくま　ゆきこ・ジャーナリスト、国際医療福祉大学大学院教授）

10　若者たち、外国人たちのためにも、介護保険の後退は許されない

中村弥生
西村さとみ

私たちは、今後重要となってくる外国人の方々と共に働くうえで、「介護の質」にこだわった取り組みが必要ということから、二〇一七年に「みえ介護グローバル協同組合」を立ち上げ、代表理事と副理事を務めています。

二〇二〇年の今年、介護保険制度が始まって二〇年となります。

二〇年前の介護はどうだったでしょうか。措置制度の介護・看護に矛盾を感じていた当時、若手介護職員・看護職員が、自宅開放型・民家開放型で、小規模で家庭的な、地域にこだわった宅老所を始めました。私たちもそのメンバーです。

この小規模事業所の取り組みが、いまの地域包括ケアシステムの原点です。

二〇年が経ち、介護事業所の運営は私たちの世代から次の世代へと継承して行く時期となりま

した。若者たちが、私たちの思いでもある「目の前の利用者から学び、在宅支援や地域にこだわり、介護を通じて〝人〟〝まち〟をつくる」という理念を継承し、質の向上や専門性を見据えた介護事業所運営を実現するために、介護報酬の切り下げは許されることではありません。

加えて、若者が安心して日本の未来の介護を背負っていくためにも、仕事にやりがいと誇りを持てることが大切です。経済的安定も、若者が家庭を築くために重要です。それは介護離職を減らし、少子化を防ぐことにもつながります。

いま日本は介護人材不足です。安定した職場を実現するという意味でも、外国人の方々の力を必要とします。外国人技能実習生や外国人特定技能就労者が、法の下で人権が守られ、生活が保障され、彼らが日本型介護は「自立と尊厳を大切にし、質が高く、素晴らしい」と思い、それを学ぶべく就労の場所として日本を選ぶためにも、雇用の安定が必須です。

また、日本人が指導者として外国人と共存し、日本型介護の素晴らしさを伝えるためにも、労働条件を改善し、安定した働き方ができるようにする必要があります。賃金の原資は介護報酬ですから、引き下げられては安定した働き方は成り立ちません。

私たちのような、介護の質にこだわった小規模な事業所の存続が危ぶまれることは、あってはなりません。私たちが実践してきた二〇年間の介護は何だったのでしょうか。

介護保険が後退し、介護報酬が引き下げられれば、介護事業を継承する若者がいなくなり、介護を指導する者もいなくなり、外国人技能実習生や外国人特定技能就労者は、ただの労働者として扱われ、日本に来ることはなくなるでしょう。これは、社会的財産の大きな損失になりかねません。

若者たちが日本型介護を継承し、継続するため、また外国人に日本の介護のよさを伝えるためにも、介護保険の後退は絶対に許すことはできません。

（なかむら　やよい、にしむら　さとみ・みえ介護グローバル協同組合）

11　介護保険は国民の生活を守る大切な財産

沖藤典子

介護保険は、「介護（保険）事故」に対して、サービスを給付するものです。今回問題となった「要介護1と2の生活援助を介護保険から外す」という案は、介護事故と認定しておきながら、保険からサービス給付をしないということであり、介護保険法違反です。地域の介護予防・日常生活支援総合事業にまかせるということでしたが、保険者である自治体間の地域格差が大きく、同居家族の有無のみならず、車で五分のところに住んでいれば同居とするなどでサービス提供が異なるローカルルールも暴走しており、給付の公平性が担保されていません。しかも違反でなくするために介護保険法を変えようとしたのなら、法律さえ変えればどんな削減も可能になるということで、介護保険への信頼を失墜させるものでした。今後、二度とこういう案があってはなりません。

生活援助は制度開始以来ずっと、社会保障審議会の介護保険部会や介護給付費分科会でバッシングを受けてきました。私は二〇〇五年一月から四年間この二つの分科会の委員でしたが、当時から一部の利益団体関係の委員を中心に「生活援助はずし」論が、強烈に繰り返されていました。「制度に甘えている」「自立支援のエビデンスがない」「国の金でメシ食っていいのか」等々。ある委員は、私の発言に対して怒鳴りました。

「介護保険は、社会保険であって、社会福祉ではない」

短絡的かつ居宅高齢者の生活を知らない暴言です。いかなる政策であれ、制度設計において国民の福祉に寄与することが、その根底にあるのは必須要件です。

二〇一八年四月一日から、「訪問介護におけるサービス行為ごとの区分等について（老計一〇号）」が変更されました。これは、訪問介護員のどういう行為が生活援助で、どういうことが身体介護か、仕事の指針になるものです。注目されるのは、身体介護が九項目新設されたことです。生活援助に増加はありません。

その理由は、「重度化防止」など。たとえば「利用者と一緒に手助けや声かけ及び見守りしながら行う掃除・整理整頓」。「一緒に」の文言は、「自立支援を促進」という意味です。これらは明らかに、ケアプランにおいて身体介護に誘導しようというもので、要介護１・２の人の生活援助はずしの事前対策だったのかと、疑われてもいたしかたないものです。

身体介護の方が、平均して利用料が高くなります。裕福な人は身体介護を使い、生活に困る人は生活援助、介護保険からの追い出し……こんなシナリオがあったのかと思えてなりません。身体介護は高齢者を嘆かせ、訪問介護員を働きにくくさせています。こんな意見もあります。

「手が痛いのに、一緒に包丁を持てとか、掃除機を持てとか、辛いです……」（八二歳、女性）

ＡＤＬ（日常生活動作）やＩＡＤＬ（手段的日常動作）の向上は誰にとっても望ましいことですが、いったいそのエビデンス（効果）は、どのように国民に発表されているのでしょうか。

二〇〇五年の介護保険法改正で「尊厳を保持」という文言が加えられて喜びましたが、今回のやり方は「尊厳」とはほど遠いものです。軽度のうちから介護の専門職が関わり、重度化を予防する、これが介護保険の目的だったのではないでしょうか。

最後に認定についてひとこと。認定は居宅高齢者の状態像を正しく把握しているシステムなのか。また、認定所用期間は、介護保険法では三〇日以内となっているのに、最近では平均三九日もかかっています。認定に、無駄な時間や費用がかかっているのではないでしょうか。認定には、第一次判定と第二次判定があります。第一次の基礎になるデータは、介護老人福祉施設（特別養護老人ホーム）・介護療養型医療施設などの施設入所者を対象とした、どの動作に何分かかるか、四八時間・一分間のタイムスタディによります。今後の在宅介護方針に沿えば、在宅でのタイムスタディも必要だと思います。当時の担当者は言っていました。

「これから在宅介護が充実すれば、在宅でのタイムスタディも実施する」

いつになったらその在宅介護は充実するのでしょうか。要介護度が軽度に認定される傾向にも、不安が募ります。

介護保険が開始された二〇年前と違って、現在は高齢者のみの世帯、高齢者の一人暮らし世帯、認知症の人も増えました。介護保険に感謝している人も多く、国民の生活を守る大切な財産です。これをいい形で後世に残していきたい。これが今を生きる私たちの務めだと思っています。

（おきふじ　のりこ・NPO法人高齢社会をよくする女性の会副理事長）

12　人々の幸せのためにお金を使ってほしい

中野一司

鹿児島市で在宅医療専門の診療所であるナカノ在宅医療クリニックを開業し、今年でちょうど二〇年になります（介護保険と同年齢です）。

開業して、在宅医療を経験して思うことは、従来の病院医療（病院内医療）と在宅医療（病院外医療）は根本的に、文化・哲学が違うということです。治すことを目的とした病院医療に対し、在宅医療は病院の外の、その人の生活を支える医療です。そして、キュア志向の病院医療（治す医療）とケア志向の在宅医療（支える医療）は、お互いの文化・哲学、場（病院内外）の違いを争うのではなく、相互に理解し、相補的に協力連携して地域包括ケアシステムを構築していくことが、非常に重要であると考えます。

そうしたケア志向の在宅医療も、患者さんの在宅での生活が成り立って初めて成立します。その患者さんの在宅での生活を支える介護を提供する制度が、介護保険制度です。すなわち、介護保険なしに、在宅医療は成立しません。

二〇〇〇年四月に創設された当時の介護保険の理念は、「介護は社会全体で支える。それゆえ家族に依存しない」でした。それがいつの間にか、お金(財源)の問題で、同居家族がいる家族は、(たとえ料理ができない息子であっても)生活援助サービスが使えなくなり、そのためにわざわざ別居する家族も存在する、という状況になりました。その後、要支援1と2が介護保険から外され、そして、要介護1と2も介護保険から外すという案まで出ました。

財源がないということから、介護保険など社会保障費用が削減されているようですが、介護保険ができた二〇〇〇年以降、科学技術の発達やＡＩの開発、グローバリゼーションにより、世界の富(お金)は増え続けています。ただ、現在の問題は、その増え続けている富が、(カルロス・ゴーン氏のような)一部の富裕層だけに流れていることであり、このようなお金の流れを、グローバルからローカルへと政策的に逆流させる必要があると思っています。

世界は、トランプ米国大統領の誕生や英国のＥＵ離脱に見られるように、一部でグローバルからローカルへという動きもあるようです。日本も二〇二〇年の東京オリンピックが終われば、グローバル(金融資本主義)からローカル(地方分権、地域包括ケアシステム)への動きに転じると予想します。

世界中のお金の分配も、グローバリゼーションにより世界が全体的に豊かになり(グローバリゼーションの目的はシステム全体を合理化・効率化してお金持ちになること)、結果的に一部の富裕層に偏在したお金を、人々が豊かにコミュニケーションをするツールとして使う(分配する)ことにすれば、世界(人々)はもっと豊かになるでしょう(ローカリゼーション)。

お金を、人々を幸せにするために使うことで、お金自体の価値が上がります。お金(財源)がないから介護保険のサービスが削られるのではなく、人々の幸せのために介護保険が機能するようにお金をうまく使っていくという政策が、今後は重要と考えます。

財源は獲得するものではなく、創り出していくものです。介護保険が機能すれば、雇用も創出でき、お金が回り、経済も回る。これが、「税と社会保障の一体改革」の理念である「強い経済、強い財政、強い社会保障」だったはずですが、消費税は上がったのに社会保障は削減されるのでは、本末転倒です。

キーワードは、グローバルからローカルへ、だと思います。

（なかの　かずし・医療法人ナカノ会理事長）

13　生活援助が介護の基本

櫻庭葉子

二〇〇六年、私たちは、ひとりぼっちのホームヘルパーをなくそうと、京都ヘルパー連絡会を立ち上げました。現在会員は約一〇〇人程度です。多いときには三〇〇人近く会員がいたのですが、いま現場ではヘルパーが不足していて、連絡会の会員も減ってしまいました。どこの事業所も慢性的に人がいません。

京都だけでなく、日本全国そうだと思うのですが、院内介助も散歩介助も同居家族の生活援助も、あれも駄目、これも駄目。ヘルパーの仕事はやってはいけないことばかりになっています。二〇一二年に、それまで六〇分だった「生活援助2」の時間が四五分に切り下げられました。これによって、なおいっそうヘルパーが働きづらくなりました。やりがいがなくなったり、やる気を失ったりしています。ですが、基本的に四五分しか援助ができないなかで、黙って一五分延長して、ボランティアのような形で、無報酬で利用者さんを支えているヘルパーもいるのです。

二〇一五年に介護予防・日常生活支援総合事業がスタートしてから、ますますヘルパーがいなくなりました。理由は簡単です。介護報酬がいっそう切り下げられたからです。事業所の運営も厳しく、ヘルパーは本当に生活が苦しくなっています。スーパーのレジ打ちのほうが賃金が高いので、ヘルパーを辞めてそちらに移る人をたくさん見てきました。

私たちヘルパーは、生活援助という支援を通じて、利用者さんのお宅を訪問し、そこで利用者さんの生活史を知り、利用者さんの状態を知り、病状を把握し、さまざまな気付きの視点を持って仕事をしています。ただ、時間が短くなったことで、現場のヘルパーたちがその気付きの視点を持てなくなり、やりがいが奪われています。

「ヘルパーと話がしたい」「援助を受けながらコミュニケーションがしたい」という利用者さんも多いのですが、いまはそれが許される状況ではありません。ただ、私たちヘルパーが在宅生活の利用者さんたちを支えていくためには、やはり生活援助が基本です。ですから、これからも、国や地方自治体に向けて、生活援助の必要性を訴えていきたいと思っています。

（さくらば　ようこ・京都ヘルパー連絡会代表世話人）

14　いま訴えたいこと

石毛鍈子

介護保険については、いま二つ訴えたいことがあります。

一つは、介護労働が身体介護に特化されているという問題です。これには要支援者の生活援助が切り捨てられているという面もありますが、問題はもう少し別のところにもあります。

いま介護保険は在宅の要介護3が中心です。要介護3の医療ニーズのある在宅ケア者をヘルパーが支えるにあたっては、身体介護ができて、医療ニーズが分かる人でなければ役に立たないという考え方が強くなってきていると思います。

これは私がそう考えているだけではなく、ある自治体の介護保険担当の副市長が明確にそう言ったという事実があります。生活援助を切り捨てるな、ということに力点を置くよりも、介護というものは人の生活を支える総合的な労働なのだと訴えていく必要があると思います。介護には身体介護もあれば生活援助もあり、トータルに人をケアするものだということを、現場も養成者も強く訴えていくべきです。

もう一つは、介護保険の事業計画を作る際に被保険者の代表が参加することを介護保険法は定めているということです。これは絶対に活用していかなければいけないと思います。

現在、地方自治体は、第八期(二〇二一―二三年度)の介護保険事業計画を作成しています。ヘルパーも、被保険者の市民も、みんなで役所の窓口に行って、どんな計画をつくっているのかを問いただしましょう。そうすることで、私たちは市民としての力を、もう一度介護保険の改革に向けて発揮できるようになると思います。

（いしげ　えいこ・市民福祉サポートセンター代表）

15　介護保険を萎縮させてはいけない

由利佳代

今日、認知症初期の方は、要介護1や2と、要介護度が低く認定される場合が多いようですが、実際のところ家族等による介護やケアの負担は決して軽くはありません。いわゆる「感情労働」（肉体労働とは違い、感情の抑制や、緊張・忍耐などを必要とする労働）を二四時間強いられ、少人数家族ではとてもポジティブにまかなえるものではありません。

これら要介護1・2を介護保険から外してしまうと、認知症の方が介護保険を使うには、医師の診断書と要介護度一次判定（コンピューターによる生活自立度の点数化による判定）で要介護1あるいは2とされた場合、二次判定（数名での要介護度判定審査会）でいきなり要介護3にしなければなりません。

自治体によっては、医師の判断による要介護度の変更（区分変更）申請の主治医意見書（いわゆる医師による要介護度の診断書）に詳細な生活困難の様子が記載されていたとしても、一次判定を変えてもらえないことが多いと言われています。二〇〇〇年の介護保険法施行当時、医師の診断書は、医療機関が「みなし介護保険指定機関」であっても、基本的に内科医が記載するようにとの通達があり、首から上の問題（認知症・目の不自由な人・耳の不自由な人）への介護保険導入はなかなか審査されませんでした。

認知症の初期症状に気付くには、訓練を受けた保健師または民生委員・児童委員のように、常日頃の様子の変化が分かる人でなければ容易ではありません[1]。やはり正確な診断は、精神科医が担い、主治医意見書への記載を本来業務として行うべきものだと言えるでしょう。

また、認知症の方は自己診断では発見が難しく、一定の時間内に指定された作業を実行する遂行機能検査が必要です。これは七五歳以上の人が自動車運転免許証を更新する際に行う検査と同じものです。丁寧に説明し、お願いすれば、大抵はゲーム感覚でやれる内容です。認知症の方は、会話しているときには取り繕うことができるので、こうした検査が必要になります。たまに会うだけのスタッフでは分からないことが、これによって浮かび上がってきます。

また、一つの家庭に複数の要介護高齢者がいる場合、一家を一人のケアマネジャーが担当している地方自治体も多く見受けられます。複数の要介護高齢者の一部別居(入院・入所・他の家族との同居)をも含むサービスを受ける側の問題が多くなった場合、担当者が一人ではサービス提供者側のマンパワーがパンクしてしまい、結局働き盛りの家族が介護離職をせざるを得なくなった、などということがよく聞かれます。これではまるで家族単位で介護手当が支給されていた三〇年前の高齢者福祉に逆戻りで、元の木阿弥状態です。

これに対して、広島県には、専門医のいる病院をバックにして、福祉・保健・医療が合体し、地域包括支援センターが司令塔的な役割を果たしているモデル事業があります。折しも二〇一九年に立ち上がったジョンズホプキンス大学による第一回ワールド・ホスピタル・アット・ホーム学会でも、こうしたテーマが議論されたのですが、広島県の事例はまさにこれを実践するものです。「自宅にいてもいつでも専門医にかかることができる」がキーコンセプトであり、広島県での取り組みは、さらにいつでも専門医のいる病院に一時入院ができる、というところが斬新です。モデル事業の一部は、病院に拠点がある「地域包括活動センター」として動いているようです。(2)このモデル事業のような実践が増えていけば、社会保障費用の削減にもつながり、高齢者本人の人権も擁護されるのではないでしょうか。

これはまた、ご本人の意志を早くから確認し、ソフトランディングで終末期を迎えられるアドバンスド・ケア・プランニング(ACP＝人生会議)にもつながり、「死にがい」ではなく、「生きがい」のある人生となっていくものと思われます。ACPは、ご本人にライフイベント(病気、家族構成員の変化、または冠婚葬祭など)があるたびに、参加者や会議の内容が大きく変化し、参加者の認識も変わることがあります。何度もACPを開くことで、ご本人が人生の主役であることを確認し、よりいっそう生きがいを感じられる在宅ケアを行うことが肝要です。

介護保険が萎縮しなければ、ACPの今後の発展が期待されます。

(ゆり かよ・医師)

注

（1）https://iss.ndl.go.jp/books/R100000002-I000000355396-00（二〇二〇年二月二六日閲覧）
（2）「国際潮流と日本のメンタルヘルス政策　グローバル専門家会合」第二部資料より。

16　若者も男性も怒っている！

梶谷健太郎

「佐倉から全国を変える市民の会」の代表をしています。いま一番言いたいことは、若者も、男性も怒っている、ということです。

介護の人材不足の原因は介護保険法改正そのものです。民間では、愛知県の会社が年収一〇〇〇万円の介護士を生み出したという事例があります。民間がこういう試みをしているわけですが、本来はやはり国が法律を整備して、介護士の報酬を上げていくべきであり、そうしなくてはならないのではないでしょうか。何とかしてほしいと思います。

（かじたに　けんたろう・佐倉から全国を変える市民の会代表）

17　介護保険なしでは暮らしていけない

長尾和宏

私は兵庫県尼崎市の長尾クリニックで院長をしています。私が診ている在宅の患者さんで、介護保険も医療保険も使ったことがないという九三歳の女性がいらっしゃいます。その方の様子を紹介します。

息子　もう二年半寝たきりです。

長尾　寝たきりが二年半、分かってるの？

母　分かってる。

長尾　ほう。分かってるやんか。寝たきりのままだったらどうなるかと思わへんかった？

母　どうしようもない、金はなし。

長尾　金はなし？　それなら、いいケアマネジャーさんに付くといい。ケアマネジャーは相談相手でもある。でも、その相談が有料になるかもしれない。それに、ケアマネジャーが介護サービスはいらんていうたら、介護保険が使われへんわけ。保険料だけバーンと天引きで取られて、いざ使おうと思ったら、お金がなくてケアマネジャーに相談できない。

医療保険で、無駄で有害なお薬を一〇種類も二〇種類もぎょうさん飲んでいる人がいっぱいおるわけ。それをやめにして、そのお金を介護に持っていった方が僕はええと思ってる。

母　その方がええ。

息子　病気が治るならいいけれど、いくら薬を飲んでも結局治らないなら無駄です。

長尾　デイサービスに行くの、介護保険がなかったら絶対困ると思います。それからあなたは息子さんがいるからまだええねんけどね。世の中には全くのお一人さん、子どももおらへん、親戚もおらへん、きょうだいもおらへん、隣の人も知らんくて、お一人さんで寝たきりの人もおるわけ。そんな人はどうやって暮らしているかというと、介護保険を使ってるの。介護保険を使えばヘルパーさんが飯をつくって食べさせてくれるんだけど、介護保険がなかったら、お一人さんが家にずっとおることはできない。

この方は二年半寝たきりで、親孝行な息子さんが仕事の合間に遠くから帰ってきて、介護をしていたのですが、とうとう限界になり、私に相談に来られました。診察に行きましたら、八カ月もお風呂に入っていなくてびっくりしました。そこで、さっそく介護保険で訪問入浴サービスを使い、これからはデイサービスも利用しようとしているところです。おかげで気持ちも前向きになって笑顔が出始めています。そんなときにもし介護保険が使いにくくなったら、この方には大打撃です。介護保険がなかったら寝たきりの方、一人暮らしの方は本当に困ります。介護保険がこれ以上改悪されないことを祈っています。

（ながお　かずひろ・長尾クリニック院長）

18　家族にとっての介護保険

勝田登志子

「認知症の人と家族の会」は、二〇二〇年一月二〇日に結成四〇周年を迎えました。結成以来、家族による介護から社会による介護へと運動を継続して二〇年。ようやく二〇〇〇年に介護保険ができました。ところが、その後は改悪に次ぐ改悪です。「家族の会」は、二〇一九年に示された介護保険の改悪案に断固反対しています。

二〇一九年一二月二五日、私たちは、消費税が増税されたうえに、さらに利用者を苦しめる介護費用の負担増は許されないとして、サービスの給付、高額介護サービス費の見直しに断固反対する緊急アピールを発表し、社会保障審議会に提出しました。

介護保険は認知症の人にとってもその家族にとっても命綱です。今回の重大な負担増案は、社会保障審議会の委員に事前に示されず、審議会当日に明らかにされたそうです。今回の提案内容やその手続きは全く納得できるものではありません。社会保障審議会介護保険部会も同審議会介護給付費分科会も形骸化しています。もっと当事者の声を届ける必要があります。

憲法二五条二項は、「すべての生活部面について、社会福祉、社会保障及び公衆衛生の向上及び増進に努めなければならない」と定めています。私たちは、これに沿った政策に転換すべきだと、「家族の会全国代表者会議」で決議しました。

この決議を受けて富山県支部では、「本人も家族も仲間も共に楽しむ」ことを大切に、介護保険改悪反対の署名や全市区町村の首長や議員、関係団体に対して毎年、介護保険への「要望書」を届け、県民と一緒に介護保険の学習会などを行っています。当事者団体として、これからも「平和でなければ介護はできない」ことも含め、多くの仲間と一緒に声を上げて行動していきたいと思っています。

（かつだ　としこ・公益社団法人「認知症の人と家族の会」顧問・富山県支部事務局長）

19　介護保険をもっと使いやすく、シンプルなものに

柳本文貴

私は二〇〇八年にヘルパーの仲間数人とグレースケア機構という事業所を立ち上げました。もともと障害者の当事者運動から介助に携わり、その後グループホームや老人保健施設などで働いてきて、やっぱり自分たちでやらないと窮屈でダメだと思ったからです。

ヘルパーは年々増え、いまは一五〇人になりましたが、それ以上に利用される方が増えていて、ずっと人手は不足しています。ヘルパーも高齢化していますし、若い人がなかなか入って来にくい業界になっていると思います。それでも、いまはまだましかもしれません。このままでは、自分に介護が必要になる三〇年後には、ケアの担い手がいないという本当に恐ろしい状態になると想像されます。要介護1と2の介護予防・日常生活支援総合事業への移行案は大問題ですが、要支援1と2は、すでに総合事業に移されています。それで何が起こっているかというと、事業所が相次いで撤退しています。報酬単価が抑えられるので、大手の事業所、あるいは利に敏《さと》いところはやらなくなるわけです。

今日の福祉は縦割りの制度によって分断されているのですが、私たちの事業所は、「お困りごとからお愉しみまで、制度より生活をみる」をモットーに、自費、障害福祉、介護保険を含めて、〇歳の医療的ケアの必要な赤ちゃんから、一〇五歳のお年寄りまで、年齢・障害問わずケアを提供しています。

政府は、不足している人材を効率よく配置して給付を抑制するために、介護専門職を身体介護や医療的ケアに特化させようとしています。利用される方にとっては、たとえばごみ捨てはボランティア、家事援助は生活支援のヘルパー、身体介護はまた別のヘルパー、というように、その人の生活が細切れにされていくことになります。介護度の進み具合に応じて制度の都合で関わる人たちが次々と変わり、最後は施設に入れられる。

本当は介護の仕事を通じて、ご本人が元気なときから長い時間をかけて付き合っていくうちに関係性が深まり、その方の最期までしっかりと在宅で並走することができる。障害や認知症が進んだとしても、少しでもご自身の意志を引き出して、周囲や医療職などに対して代弁する役割も果たせる。そういう付き合いができるのが、ヘルパーのやりがいであったり、面白さであったりするわけです。

いまは給付の抑制ありきで、効率化を進めるようでいて、結果としては制度自体を複雑化させるために、かえって運営にかかる時間や人、行政の手続きなどのコストを増やしています。介護の現場以外の部分が肥大化し、利用者は仕組みがよく分からないため主体的にアクセスすることが難しく、ヘルパーも制度内ではできるケアが限られ窮屈な思いをしています。

事業所と利用者とで対立するような構造になっているのも問題です。たとえば「特定事業所加算」というものがあります。加算Ⅰでは、重度の利用者が多いとか、介護福祉士資格をもつヘルパーの割合が多いといった要件を満たすと、事業所への報酬が二〇％上がるのですが、そうすると利用者の負担も二割上がる。私たちの事業所もこの加算Ⅰの要件を満たしているのですが、二割増は利用者の負担が大きいということで、加算Ⅱを選択し一割増に抑えています。このように事業所と利用者の、どちらかが得をしてどちらかが損をする形に制度上絡め取られているというのはおかしい。大きくは保険料負担と介護保険報酬の関係もそうです。

介護保険の後退を許さないというよりも、本当は前進させていかないといけません。介護保険はもっと使いやすく、もっとシンプルに、もっとヘルパーも働きやすいものにしたい。制度の簡素化と統合で運営コストを大きく下げ、現場に裁量をゆだねることで、介護職にお金がきちんと回り、利用者もハッピーという仕組みに変えられます。

利用者、家族、ケア専門職、それぞれ立場は違っても、なるべく豊かに愉しく暮らしたいという思いは変わりません。分断を強めるようなシステムに与せず、連帯して、共にあるべき介護保険を目指していくことが大切だと思います。

（やぎもと　ふみたか・NPO法人グレースケア機構代表）

20　誰もが安心して暮らせる社会を

中澤まゆみ

世田谷で「ケアコミュニティ　せたカフェ」を主宰し、講座活動やネットワークなど、地域活動を続けています。本職はライターで、両親を含めて三人の介護をしています。

私たちは、今回初めて署名活動に挑戦しました。きっかけは、二〇一九年九月、小竹《おだけ》雅子さん（本書第Ⅰ部第2章参照）と小島美里さん（同第21章参照）をお呼びして開いた「どうなる？　介護保険制度」という集会です。

私は地域での活動や取材、介護者としての実体験を通して、介護保険の現状について大きな危惧を抱いてきました。しかし、その実情を知っている人は決して多くはありません。それを伝えていく必要があります。世田谷区の担当課長・係長にも来てもらったこの集会の終了後、「署名活動をやりたいね」とFacebookでつぶやいたところ、集会の参加者を中心に六人が賛同し、まずはネット署名から始めることにしました。

ネットで伝えやすいよう、「要介護1・2の介護予防・日常生活支援総合事業への移行に反対する」と、要望をワンイシューにしました。各自が知り合いに声をかけ「呼びかけ人」を募るところからスタートして、五八の団体・個人が呼びかけ人になってくれました。

署名は一カ月ちょっとと短い期間でしたが、途中から始めた紙の署名を含め、四一五九筆が集まりました。決して多い数字ではありません。しかし、「こんなことになっているとは知らなかった」という市民の意見をたくさんいただきました。

要望書と署名の宛先は、介護保険にかかわる審議会をもつ三省庁の大臣（加藤勝信厚生労働大臣、麻生太郎財務大臣、高市早苗内閣府特命担当大臣）です。提出には国会議員の紹介が必要とのことだったので、メンバーがママ友の世田谷区議会議員、江口じゅん子さんに相談したところ、「桜を見る会」の追及で忙しいさなか、宮本徹衆議院議員が間に立ってくれました。

今回は「軽度者（要介護1・2）」の総合事業への移行を含む、多くの案件が「先送り」となりましたが、私たちのような市民が「声」を上げ、それが報道されたことや、省庁に届けたことも、ひとつの力になったのではないかと思います。

署名を提出した後、国から回答がありましたが、回答のなかで国が「軽度者」と位置づけようとしている要介護1・2は、とくに認知症では中重度化しないためのケアがもっとも必要な段階の人たちだということを、私は介護者として実感しています。

これらを含む介護保険制度の後退が進めば、本人の生活の質が下がるだけでなく、介護者への負担が増え、高齢者虐待や介護離職が加速する危険性も高くなると、私たちは真剣に危惧しています。いまの高齢者だけではなく、若い人たちが高齢になっても安心して暮らすことができるよう、介護保険の在宅サービスがこれ以上後退しないよう、これからも私たちは、市民、介護者からの声を届け続けていきたいと考えています。


（なかざわ　まゆみ・ケアコミュニティ　せたカフェ主宰、介護保険を考える会代表）

21　介護保険を立て直すために

小島美里

私はボランティアからスタートして三〇年の活動歴がある、地域に根ざしたＮＰＯを運営しています。正直言って、介護保険が始まって二〇年間、気の休まる日は一日もありませんでした。介護保険はスタート時にはたいへん活気があり、制度ができてよかったと思いました。ですが、介護保険以前の措置の時代から訪問介護を始めていましたので、介護保険が始まったとき、ヘルパーさんの手当、給料を残酷にも引き下げざるを得ませんでした。二〇〇〇年当時の基本報酬が一番高かったのですから推して知るべしです。いま介護保険がこういう事態になっているのは、制度が始まったときに、すでにその芽が出ていたわけです。暗雲が立ち込め始めたのは、二〇〇五年に最初に介護保険法が改定されたときでした。予防と地域支援事業が前面に出て、「予防は素晴らしい」と言われ、「介護保険からの卒業」などという言葉も飛び交いました。

一方で、まず訪問介護が抑制され、通所介護が増えました。介護保険が始まった当初、利用割合のトップは訪問介護でした。それが使いにくくなったから通所介護が増えたわけです。高い志を持った介護保険以前の宅老所とは似ても似つかない民家を使った――入れ物だけは似通った――小規模なデイサービスが乱立しました。すると次は、それらの報酬が下げられ、相次いで撤退しています。

訪問介護、通所介護と並んで、在宅介護の三本柱の一つである福祉用具の貸与も介護保険から外す案が出され、反対運動を起こして食い止めることができましたが、また同じ動きが起きるかもしれません。

そういう状況のなかで、いまは小規模多機能型居宅介護や定期巡回・随時対応型訪問介護看護がもてはやされていますが、なかなか増えません。報酬とサービスのミスマッチが起きているからです。私が代表理事を務めているNPOでもそうなのですが、要介護1・2の独居の認知症の方たち、あるいは老老介護や認認介護の方たちを支えるために、基準以上の人員配置をしていますが、それでも必要なケアには不十分です。

いまから一〇年前の二〇一〇年四月、「介護保険一〇年の宿題」と題し、在宅介護が困難になっている介護保険サービスの状況をＮＨＫ・ＥＴＶの「視点・論点」で訴えましたが、そのときに提示した課題は解決されるどころか悪化の一途です。サービス事業者も利用者も待ったなしです。介護給付費は二〇一九年度で一一兆円を超え、この半分が介護保険料で賄われていますから、国は絶対に潰さないでしょう。ですが、サービスは使えなくなる。そしてヘルパーはいなくなる。いま東京都の訪問介護の有効求人倍率は何と一三倍だと聞きました。施設などの介護職員は八倍です。こんな状態では介護は持ちません。

そのうえで、いま、とても心配なことが二つあります。

一つは、介護保険を使えない、使わない人たちが多数いるということです。特に認知症の方たち、独居や老老介護の方たちに多いと推測されます。私の事業所がある埼玉県新座市には、中学生と同じ数だけ認知症の方がいらっしゃるのですが、これは認定済みの方です。実際はこれよりも二割以上多いと考えられています。この方たちは放置されていて、福祉・介護の手が全く届かない。

これは申請主義の盲点です。各地域の地域包括支援センターはかなり努力していますが、それでも届きません。また、かたくなにサービスを使いたがらない高齢者もいます。これは経済的なことが理由になっている場合もあります。

もう一つは、第二次ベビーブーム世代のことです。二〇年後、この世代が高齢者の仲間入りをしたとき、介護保険がこのままでは安心して暮らしていくことはできないでしょう。この世代は非正規労働者が多く、非婚率が高くなっています。介護保険の後退を許さないというよりも、いまこそ「介護の社会化」を立て直さなくてはならない。二〇周年をきっかけに、より多くの人たちの声を集めて、介護保険をもう一度いい方向に作り直していきたいと思っています。

（こじま　みさと・NPO法人暮らしネット・えん代表理事）

会場発言　介護保険――私はこう考える

＊本書の基になった「介護保険の後退を絶対に許さない！
1・14院内集会」より、会場発言をご紹介します（編集部）

熊野以素さん（大阪）　私いま七六歳で、四人目の介護をしています。介護保険のない時代に義理の母と父を、そして介護保険ができてから母を介護しました。介護保険のおかげで、母は特別養護老人ホームに入所し、最期を看取っていただけました。ですから介護保険には感謝しています。けれども、いま介護保険はどんどん悪くなっています。七〇歳の弟が脳梗塞で倒れてしまったのですが、七〇歳で半身不随になると障害者福祉のサービスは一切受けられませんし、グループホームにも入れません。また、弟の住んでいる市では、普通のサラリーマンの年金では特養のホテルコストが払えません。しかも特養への入所は三〇〇人待ちになっています。まずこういう「特養難民」を解消していただきたいと思います。特養に入れず、生活援助は切り捨てられ、ケアプランは有料になる。私たちのような者は野垂れ死にしろと言われているのでしょうか。

（くまの　いそ・9と25市民講座）

岩橋百合さん（千葉）　熊本で暮らす九六歳の母は、特別養護老人ホームには入れず、住宅型の有料老人ホームで暮らしています。ホームに入所した時点では要支援2だったのが、いままでは要介護5となり、少しずつ自費の部分が増えてきています。母の場合は自分の蓄えでなんとかやりくりできていますが、介護保険が改悪されて自費の部分が増えると、経済的に不安に思

う人が増えていくと思います。（いわはし　ゆり・NPO法人たすけあいサポートアイアイ）

小國英夫さん（京都）　私は介護保険ができる前から、ケアプランの自己作成に取り組んできました。介護予防・日常生活支援総合事業が始まって以降、要支援1と2のケアプランの自己作成は、保険給付が行政サービスになったためにできなくなりました。要介護1と2も総合事業になったら、自己選択、自己決定といった法の基本理念が根本的に崩されてしまうのではないかと恐れています。介護について自分で決められる権利は守っていきたい。

（おぐに　ひでお・マイケアプラン研究会）

相場幸樹さん（秋田）　九人の小さな老人デイサービスを経営しています。いまは何とか経営できていますが、これ以上介護報酬が下がったら、いずれやっていけなくなります。そして、私のところだけではなく、生き残っていけるデイサービスはほとんどなくなると思います。団塊の世代が後期高齢者になる二〇二五年は目前です。そのとき、誰もどこにも受け入れてもらえなくなってしまうのではないでしょうか。介護保険の改悪は、いま食い止めるしかないと思います。

（あいば　こうき・デイサービスあじさい）

植本眞砂子さん（大阪）　一九九三年設立の「高齢社会をよくする女性の会・大阪」で活動しています。私たちはこの間切り下げられてきた生活援助サービスにこだわって、二〇一三年と一五年にアンケートやヒアリングを行い、その結果を社会保障審議会や厚生労働省に提出しました。これは、審議会ではエビデンスを示すことが求められているからです。介護は杓子定規に証拠をそろえられるものではないのに、審議会では「エビデンスを示せ」と金科玉条のごとく言われ、たいへん腹立たしく思っています。

（うえもと　まさこ・高齢社会をよくする女性の会・大阪）

山崎摩耶さん（東京）　二〇〇〇年に介護保険ができる前の一九九四年から、樋口恵子さんと一緒に厚生省（当時）の高齢者介護・自立支援システム研究会に関わっていました。「介護保険をつくった」というと語弊がありますが、産婆役であったと思っています。介護保険が始まって二〇年のあいだに、やんちゃで未熟な子になってしまったなという忸怩たる思いがあります。

お伝えしたいことが二つあります。一つ目は、介護保険の保険者は市区町村ですが、財政は赤字ではなく黒字だということです。介護保険は、被保険者が払っている介護保険料と公費で賄われています。第二号被保険者の保険料も総報酬制になって負担増。第一号被保険者の介護保険料は、初めは二九〇〇円ほどでしたが、いまは六〇〇〇円近くになっています。その一方、公費は減らされており、介護保険の財政面をウォッチしていく必要があります。

介護保険をつくるとき、「第二の国保になるから反対だ」と自治体の首長は言いました。ですが、国民健康保険のように赤字にはならず、介護保険財政は黒字です。黒字なのになぜサービスを削るのか。ここから戦っていかなければと思います。

二つ目は、やはり国会に女性議員が少ないということです。まず一番身近な市区町村の女性の議員を増やしましょう。そして国会にも増やしていきましょう。女性の首相、女性の厚生労働大臣が誕生したら、介護政策は変わりますし、議会制民主主義の刷新にもつながるのではないでしょうか。

（やまざき　まや・元衆議院議員）

第Ⅱ部　介護保険　翻弄され続けた二〇年

服部万里子

介護保険制度は二〇〇〇年四月に始まり、二〇二〇年四月で二〇年を迎える。介護保険の二〇年はサービス切り下げと利用者負担増の連続だった。日本では、家族は「福祉の含み資産」とみなされ、家族頼みの福祉政策が実施されてきた。介護保険制度は、これに歯止めをかけ、「介護の社会化」を実現することを目指して創設されたが、開始から二〇年経ったいま、こうした理念は風前の灯になっている。ここでは、介護保険の二〇年の歩みをたどる。

介護保険制度の創設へ――一九九〇年代後半

日本は一九七〇年に高齢化率（六五歳以上の人口比率）が七・一%となり、高齢化社会に入った。一九九四年には一四・五%となって超高齢社会に突入し、その後も人口の高齢化が進んでいる。

介護保険制度が始まった背景には、こうした高齢社会の到来、医療保険負担の急増、行政が内容と対象者を決める措置による福祉には「福祉の世話になりたくない」と利用を控える傾向がある、サービス量が少ない、などの課題があった。これに対して、老人保健福祉審議会が一九九六年に介護保険制度の創設を提案した。内容は、①介護費用は高齢者および現役世代の連帯で支えあう、②対象は要介護状態の人、③認定基準は「要介護認定基準とケアプラン作成に関する調査研究結果の概要」を踏まえ保険者が行う、④ケアプラン作成機関は保険者自身の他に、在宅介護支援センター、訪問看護ステーション、ヘルパーステーション等サービス機関とし、介護施設、医療機関が設置運営し、申請に基づき認める、⑤介護サービスには在宅サービス、施設サービスの他にケア付き住宅、認知症のグループホーム、住宅改修も含める、⑥被保険者の範囲は六五歳以上と四〇歳以上の両論併記、⑦保険サービス負担は「受益者負担」として、所得に合わせた負担ではなく、受けたサービスの量に応じた負担とする、⑧ヘルパー、訪問看護師などの人材育成、事業者整備は都道府県と市区町村の役割とする、などであった。

これを踏まえ、厚生省（当時）の高齢者介護対策本部が一九九七年一月、全国厚生関係部局長会議を招集し、介護保険法案を提示した。法案では、①保険者は市町村と特別区、②被保険者は第一号（六五歳以上）、第二号（四〇―六五歳未満で特定疾病を持つ者）、③保険料は、六五歳以上は年金天引き、四〇―六五歳未満は標準報酬×介護保険料を健康保険から徴収（事業主負担あり）、国民健康保険加入者の場合は所得割で徴収（国庫負担あり）、④要支援と要介護のサービス種別、施設はオムツ代は給付に含み介護保険の一割負担とともに食事代も負担することとし、特別養護老人ホーム（特養）は五年間減免あり、など具体的内容が提案された。

そしてついに一九九七年一二月、介護保険法が制定された。施行は二〇〇〇年度とし、実施までの期間に保険者（市区町村）・被保険者、要介護認定制度、介護保険サービス事業所指定、介護度別の利用限度額、サービス利用計画を立てるケアマネジメントなどを決め、市区町村が六五歳以上の保険料を設定し、徴収を国民健康保険連合会が代行することなどが具体化された。

国は、二〇〇〇年までが介護保険制度構築への勝負の三年間であるとして、国民から保険料を強制徴収するための「理解促進」のキャンペーン――いつでも、どこでも必要なサービスが一割負担で使える、サービスは選べる、ケアマネジャーが相談に乗る、家族の介護から社会的な介護へ変わって老後は安心――を展開した。国は、介護保険が「保険あってサービス無し」になることを怖れ、サービス事業所の確保とシステム構築に全力投球し、事業者、利用者に夢を振りまいたのである。

制度充実に向けた取り組み

当時はホームヘルプサービスの規定がなく、ヘルパー一級、二級、三級の研修制度ができたのも一九九〇年のことであった。それまでは独自の研修制度を持つ多様な主体が、地域の住民も参加する互助方式で、ケアワーカーを通じて介護サービスを提供していた。それらに法人格を付与することにより、介護保険の事業者になることを意図していたのが、一九九八年三月に制定された特定非営利活動促進法(NPO法)である。住民参加の互助団体がNPO法人格を取得することで、利用者は介護保険の一割負担でサービスを利用することができ、事業所は九割を保険でサービス提供できることになる。さらに制度の狭間の部分については独自のサービスを提供するようになった。こうした趨勢のなかで、ヘルパー登録数は、一九七〇年七三四一人、一九八〇年一万三二二〇人、一九九〇年三万五九〇五人、二〇〇〇年一七万八五〇〇人と急増した。

また「介護保険の要」として厚生省が位置づけていた介護支援専門員(ケアマネジャー)育成に

関しては、試験に合格して研修を修了し、登録することでケアマネジャーになることができた。一九九八年一〇月、第一回介護支援専門員実務研修受講試験が行われ、二〇万七〇八〇人が受験し、九万一二六九人が合格した（合格率四四・一％）。その後、介護支援専門員実務研修受講試験は毎年実施され、二〇一七年に第二〇回を迎え、合格者は合計六九万五〇一七人になったが、二〇一八年に異変が起きた。受験者が六三％も減って、合格率一〇・一％と過去最低になった。この年から受験者が国家資格を持つ者に限定され（医療ソーシャルワーカーを除く）、ヘルパー資格を持つ者が受験対象から外れたが、前年はヘルパーと医療ソーシャルワーカー資格を持つ受験者は一四％であり、これらの人々が外れたことが激減の理由ではない。ケアマネジャーは業務量も制約も多く、経営も赤字続きのため、仕事としての魅力が失われつつあることが原因ではないかと思われる。

介護保険を担うケアマネジャーのいる指定居宅介護支援事業所は、都道府県による指定が一九九九年六月から開始され、他の介護サービス事業所の指定は同年九月から始まった。国はサービス事業所を増やそうとして、「今後の福祉ビジネスは一割負担で利用され、九割保険で支給されるから、取りはぐれはない」と煽り、あらゆる業界から事業者が介護サービスに参集した。

二〇〇〇年四月時点の居宅介護支援事業所数は二万一一〇五カ所で、母体は、医療法人二六％、社会福祉法人二三％、営利法人二二％、社会福祉協議会一一％、地方公共団体七％、ＮＰＯ法人一％であった。

介護保険のポイントの一つは保険者による要介護者の認定である。すでに措置によりサービスを利用していた人も、介護認定を受けなければ介護保険の対象にならない。一九九九年九月から施設入所中、入院中、在宅の高齢者の要介護認定が開始され、二〇〇〇年三月(介護保険スタート前月)の時点で二四九万七七五一人が認定を受けている。

そして、一九九九年一二月、二一世紀の高齢者福祉に向けて「今後五か年間の高齢者保健福祉施策の方向(ゴールドプラン21)」が示された。ゴールドプラン21では、高齢者が「健康で生きがいをもって社会参加できる社会」「いつでもどこでも介護サービス」などが提案された。

介護保険制度の船出——改定を前提とした制度

二〇〇〇年、日本の人口は一億二六八九万人になった。世界の人口六〇・六億人のなかで、日本は九番目に人口が多い国となった。高齢化率は一七・五%で、二〇〇七年には二〇%に達する見込みであった。平均寿命は男性七七・六四歳、女性八四・六二歳であり、男女ともに世界で最も長寿の国となった。なお二〇〇〇年の時点で認知症高齢者は一五六万人で、六五歳以上の七・二%であった。

二〇〇〇年四月、介護保険制度が開始された。前述のように要介護認定が先行して行われていたが、それまでホームヘルプサービスでヘルパーに買い物や掃除を依頼していた人のなかには「要介護」でないケースもあり、また、特養にも「要介護」ではないけれど在宅生活ができないために入所している人がいた。保険料は徴収しているにもかかわらず、それらの人たちを介護保険から外していては介護保険はスタートできないとして、「要支援」の認定をした。

都道府県はサービス事業所の指定を行い、市区町村は介護保険事業計画を作成し、保険料が決定された（第一期は全国平均二九九一円）。介護保険対象年齢の引き下げや、住民の理解、家族への現金給付などの課題を残しながら、まるで「歩きながら考える」ように、改定を前提として介護保険はスタートした。まずは軌道に乗せることが最優先であった。

なお海外では、ドイツが一九九五年に介護保険を導入し、赤字が問題になっていた。オランダは医療保険と重ねた介護保険が導入されていた。

介護保険スタート時の課題

開始時点の課題を整理すると以下の三点になる。

①人材不足：ヘルパー養成講座は全国で指定を受けた事業所が実施したが、講座を修了して働き始めても、非常勤が多いために、給与や休暇などの社会的な勤務条件の整備が遅れた。訪問看護事業所も五〇〇〇カ所の目標に対して達成率は七五％にとどまり、理学療法士や作業療法士も養成する学校が少なく、人材確保に困難があった。

②市区町村格差：制度が始まった当初、制度はあってもまだサービスを供給できないため、介護保険料を下げる市区町村もあった。介護保険料を下げてもサービスを供給できない市区町村は、「経過的居宅給付支給限度基準額」に基づいて介護度別の限度額を下げた。また「基準該当サービス」として、法人格を持たずに、市区町村の判断で市区町村内のみでサービスを提供する事業所が設定された。

③苦情対応：サービスの質を確保するために、利用者が事業所、市区町村、都道府県に苦情を出す仕組みが導入された。当時の苦情内容は、利用者負担一九％、サービス不足・サービス内容一九％、要介護認定一六％、ケアプランの不足・出遅れ一五％、その他三二％であった。

予想外の大赤字

介護保険が始まると、介護市場の発展予測が出され、公的介護保険市場が四・二兆円、介護保険関連市場まで入れると八・四兆円になるとの予測も出た。しかし、ふたを開けてみるとサービス事業は赤字であり、事業者たちを驚かせた。全国一二〇〇カ所の拠点で訪問介護と訪問入浴を展開していたある大手事業者は、二〇〇〇年六月決算で売上二〇億円、赤字一〇〇億円になり、拠点を五〇〇カ所減らし、人員削減に踏み切った。赤字の原因は一人あたりの介護報酬単価が予測より大幅に少なかったことであった。

また、訪問介護で全国七八〇カ所の拠点を持っていた別の大手事業者も、一つの拠点あたりの利用者を六〇人と予測していたのが実際には一五人であった。訪問介護では、単価の高い身体介護が少なく、単価の安い生活援助が多いために事業所の四割が赤字になり、通所介護を増やすなどの事業転換を図った。

全体として訪問介護事業所の経営は、半年後で赤字四八％、黒字一七％、収支トントンが三一％であったが、訪問介護事業所の営利法人が二〇〇〇年四－七月の三カ月で六八八増加するなどの広がりも出てきた。

期待が裏切られた第一回介護報酬改定

その後、二〇〇三年四月時点の介護サービス事業所の収支では、居宅介護支援事業所(二〇・二%)、訪問介護事業所(二五・〇%)、訪問入浴事業所(〇・二%)が赤字で、それ以外は黒字であった。

そうしたなかで、二〇〇三年四月に第一回介護報酬改定が行われた。三年待てば報酬が上がるとの期待は裏切られ、財源の効率化と適正化を理由にマイナス改定となった。全体ではマイナス二・三%で、在宅がプラス〇・一%、施設がマイナス四・〇%であった。改定の柱は、在宅重視、自立支援、介護予防であり、訪問介護の生活援助は報酬が減額され、身体介護は増額された。

同じく二〇〇三年四月に導入されたのが、障害者の支援費制度である。しかしこの制度は、精神障害と難病が除外されており、また、介護保険制度と同様に障害者の福祉サービスを措置から契約に変更したものの、財源の不足などから見直しになった。つまり失敗だったのである。その後、二〇〇六年に支援費制度は障害者自立支援法に移行した(二〇一三年、障害者総合支援法へ)。

軽度者切り捨ての始まり——事後規制に踏み切った第一回介護保険法改定

予定通り、介護保険制度のスタートから五年経った二〇〇五年一〇月に介護保険法が改定され、後述するように翌二〇〇六年に大きな報酬改定が行われた。介護保険制度が定着し、利用者が増え、サービスも増え、順調な滑り出しを背景に行われた改定であった。国は満を持して介護保険制度改革に取り組んだのであるが、利用者にも事業者にも厳しい内容となった。ポイントは以下の通りである（**図1**）。

①要介護1を要支援2に：軽度の人の介護度が重くなってしまうのはケアプランに原因があるからだとして、利用者の三二%を占めていた要介護1を要支援2に移した。そのため、利用できる介護保険限度額が大きく下がった。要支援1・2と要介護1の介護サービスは予防サービスに移行し、この改定で誕生した地域包括支援センターがケアプランを作成することになった（なお、介護保険開始から二〇年経過して、予防プラン作成をケアマネジャーに戻す動きが出てきた）。また、要介護認定更新時に要介護1の人を認定審査会が振り分けることになり、要介護1に残れるのは認知症の自立度2以上の人と、半年以内に急変が予想される不安定な状態の人のみになった。

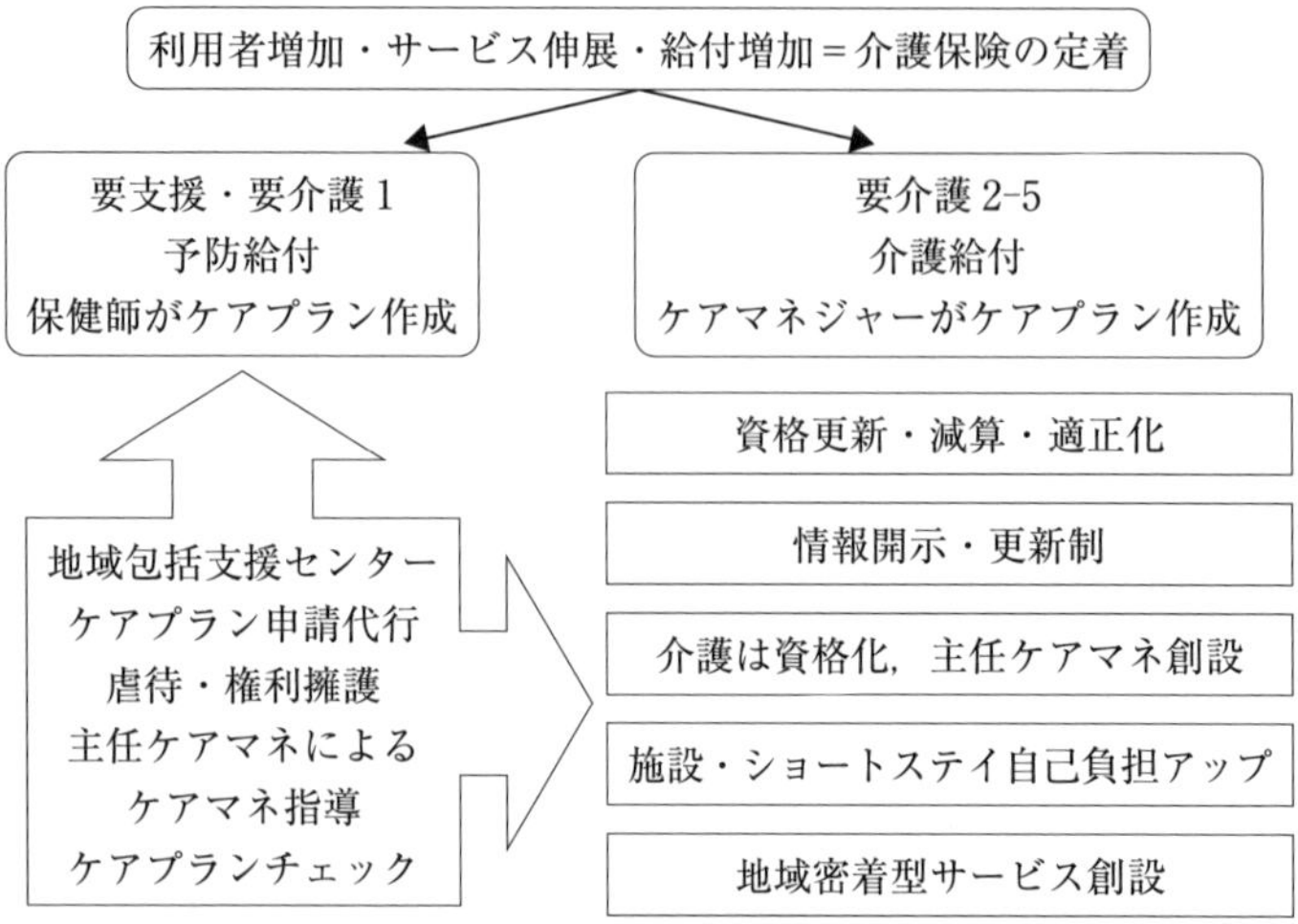

出典：筆者作成.

図1　第1回介護保険法改定のポイント

②地域密着型サービスの創設：市区町村が指定し、市区町村の住民のみが利用できる地域密着型サービスが創設され、認知症グループホーム、認知用専用デイサービスが地域密着型に移

行した。

③小規模多機能型サービスの創設：小規模特定施設と小規模特別養護老人ホームが新設され、訪問介護、デイサービス、ショートステイの三つを一つの事業所が提供する小規模多機能型サービスが創設された。これは都道府県から市区町村への介護保険の権限(責任)移行の始まりである。

④事後規制の導入：事業所の六年ごとの指定更新制と連座制(指定取り消しを受けた法人の介護事業指定は五年間しない)、事業所の情報開示のための行政のチェック、ケアマネジャーの資格更新制が導入された。ケアマネジャーを通じて行政が介護保険の利用をコントロールする仕組みの始まりである。

⑤市区町村による介護認定前の人への介護予防事業開始。

⑥地域包括支援センターの創設。

⑦ケアマネジャーの相談・指導をする主任介護支援専門員の創設。

そのほか、将来がん患者が増加することが予測されるため、末期がんを特定疾病に追加し、第二号被保険者の介護保険の対象に加えた。これにより、入院患者を退院させ、在宅復帰させることで医療保険から介護保険に移行する流れがつくられた。給付金額は二〇一三〇億円と予測された。

また、二〇〇五年改定のもう一つの特徴は、本来介護サービスのためである介護保険給付の使い道を、六五歳以上の人の介護予防に広げたことである。要支援1と要支援2に加え、六五歳以

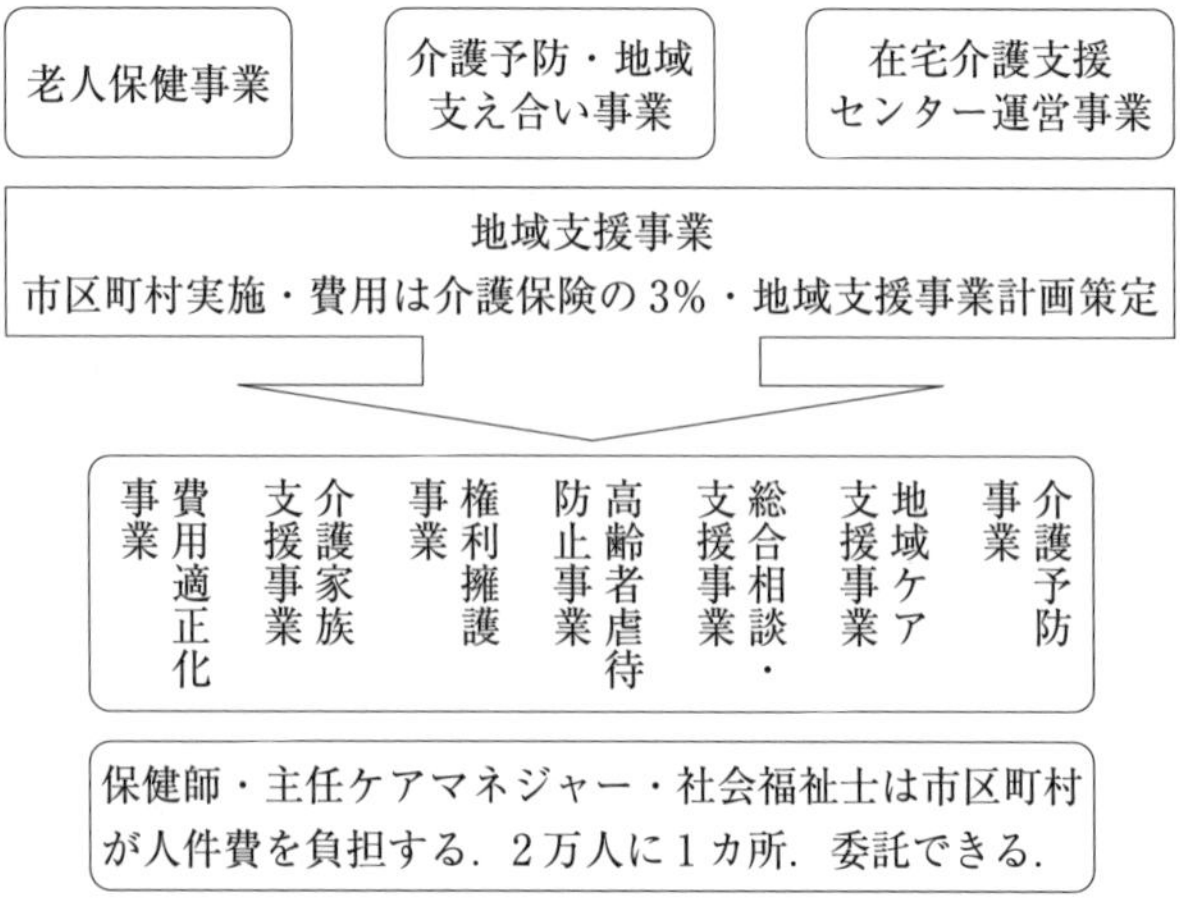

出典：筆者作成．

図2　地域支援事業のイメージ

上人口の五%に対し、筋力トレーニング、低栄養予防、口腔ケア、閉じこもり予防などを行うことに介護保険財源を使用することになった。

加えて、従来、老人保健事業、介護予防・地域支え合い事業、在宅介護支援センター（老人福祉事業）で行ってきた事業を介護保険の事業とし、誕生したばかりの地域包括支援センターがこれを担うことになり、ここでも介護保険の財源を使う地域支援事業が始まった（**図2**）。これにより、老人福祉法で二四時間相談窓口として設置されていた在宅介護支援センターは助成金を失い、地域包括支援センターに移行する指導が行われた。

二〇〇五年改定では、老人病院削減の方針も出された。当時、老人病院は医療保険の療養型病床が二五万床、介護保険の療養型病床が一三万床あり、これを合わせて一五万床に削減することとなった。また、二〇一二年までに介護保険の療養型病床は廃止されることになった。

なお、介護保険導入後も、高齢者の虐待はいっそう深刻になっていた。こうしたなかで「高齢者虐待防止法（高齢者虐待の防止、高齢者の養護者に対する支援等に関する法律）」が二〇〇五年に成立し、翌二〇〇六年に施行された。しかし同法の施行後も、虐待件数、虐待死ともに年々増加している。

軽度者切り捨ての第二弾――第二回介護報酬改定

二〇〇六年四月に第二回報酬制度改定が行われ、一回目に続いてマイナス改定であった。全体としてマイナス二・四％、在宅軽度マイナス五％、在宅中重度プラス四％、施設マイナス四％、要支援移行で限度額が引き下げられた。改定の柱は在宅重視、自立支援であり、国がコントロールしようとしているケアマネジャーに対しては、「質の向上」のためとして特定事業所加算（介護予防プラン受託は対象外）が新設され、ケアプラン作成数が制限されるとともに、要介護3・4・5のケアプランの単価を上げ、要介護1・2のプランと分離した。重度中心への誘導である。

また、介護給付削減を目的に、介護保険の施設に居住費（家賃）が導入され、食事は当初材料費のみだったのが、厨房の人件費負担も加わり、その分施設への報酬減額が行われた。あわせて、施設とショートステイの利用者のうち、住民税非課税の低所得者に対しては、補足給付（家賃・食事代の減額）が導入された。

さらに要支援1・2と要介護1の福祉用具の利用に制限が導入された。特殊寝台、車いす、褥《じょく》創《そう》予防マット、認知症徘徊センサー、移動用リフトがケアプランに入れられなくなった。これは寝ているベッドを取り上げる「引きはがし」と呼ばれ、批判された。

コムスン事件と第二回介護保険法改定

コムスンは、社会福祉法人せいうん会理事長が一九八八年に北九州で二人で設立した志のある介護サービス会社で、一九九二年、夜間巡回型モデルを厚生省の研究委託事業として開発した。しかし、モデル事業が終わるとコムスンは大赤字になり、ベンチャー企業のグッドウィルの傘下に入ることになった。介護保険制度の開始後は、全国で一五〇〇カ所のコムスンの事業所が参入し、業界大手に成長した。

しかし、二〇〇五年の介護保険法改定で、サービス事業所の指定更新制と連座制が導入されたことから悲劇が起きた。二〇〇七年、東京都がコムスンを含む大手三社に改善勧告を出した。二社はこれに対応したが、コムスンは事業所指定を取り下げることで「処分逃れ」をした。また、数カ所の訪問介護事業所でヘルパー人数の水増しが発覚し、結果として連座制が適用され、二〇〇七年から五年間指定更新が受けられなくなった。そのためコムスンは都道府県ごとに売却され、介護事業から撤退し、二〇〇九年に解散した。かつて優良企業であったコムスンの悲劇は介護保険制度の改定に翻弄された結果と言える。

コムスン事件を受けて介護保険法が再び改定され、二〇〇八年に事業所の指定取り下げが法制化された。①法令順守、業務管理体制の担当者等の届出、②事業所等への立ち入り検査、改善勧告、改善命令、③事業廃止、休止届けは一カ月前まで、④連座制は届出先(自治体)が判断できるように変更、というのが主な改定内容である。

はじめてのプラス改定——第三回介護報酬改定

二〇〇九年、三回目の介護報酬改定が行われ、プラス三%となった。このときは一律ではなく、個別に加算をつけるなどの改定が行われ、①地区加算で増減(通所・特定・認知症グループホーム)、②専門職配置と常勤率で加算、③医療系サービスのアップが行われるとともに、大規模なデイサービス(利用者が一日三〇人として月九〇〇人以上)を減算するなどの細かい改定も実施された。

しかし、こうした改定によりサービス事業所間に格差が出てきた。同年一〇月には、介護職の低賃金是正のため、処遇改善交付金が国税から出された。

地域包括ケアへ——第三回介護保険法改定と第四回介護報酬改定

二〇一〇年、介護保険は開始から一〇年を迎えた。介護認定者は五〇〇万人、サービス利用者は四〇〇万人になり、在宅でサービスを利用する人が七一%になった。二〇〇八年の国民生活基礎調査では、高齢者世帯は老夫婦のみが三〇%、独居が二二%、親と独身の子の二人暮らしが一八%と、在宅の介護力が乏しい世帯が七〇%に達した。こうした状況のなか、国は、市区町村に日常生活圏域を設定し、複数のサービスを地域限定でパッケージ化する地域包括ケアを打ち出した。これが二〇一一年六月に行われた第三回介護保険法改定の柱である。なおこのとき、直前の三月一一日に東日本大震災と津波、福島第一原発事故が発生し、国民の生命、健康、生活の危機が一挙に拡大していた。

医療、介護、予防、住まい、生活支援サービスを柱とする地域包括ケアのポイントは、次の通りである。①独居、重度適応の二四時間定時巡回型と随時サービス、複合型のサービス創設、②介護福祉士等の介護職に「医療行為」を解禁、③「高齢者住まい法(高齢者の居住の安定確保に関する法律)」の制定(施設からサービス付き(安否確認と相談付き)住宅へ)、④保険者の判断による介護予防と生活支援の総合化、⑤介護療養型医療施設の廃止(期限の猶予あり)。

翌二〇一二年には四回目の介護報酬改定が行われ、一・二%のプラス改定となったが、処遇改善交付金の財源が一〇〇%国税から介護保険財源に移行したため、実質マイナス〇・八%の改定になった。定期巡回・随時対応型訪問介護看護と訪問介護、看護、デイサービス、ショートステイを一つの事業所が提供し、介護度別の一律報酬の看護小規模多機能(複合型)のサービス基準や報酬が出された。また、生活援助の報酬削減が行われた。

介護報酬改定と同時に「高齢者住まい法」が改定され、サービス付き高齢者向け住宅(サ高住)が誕生した。なお、「サービス付き」と言っても、ついているサービスは安否確認と相談のみであり、医療法人も運営することができる。また、サ高住に介護サービスを併設(定時巡回・随時対応型+看護・介護・通所などを複合化)することが想定され、施設に代わるものとして位置づけられた。背景には、二〇〇九年に起こった老人福祉施設「たまゆら」の火災(入所者一〇人死亡)によって無届施設の問題がクローズアップされたことがあった。また、四二万人に上る特養の入所待機者への対応でもあった。

医療から介護への流れ——第四回介護保険法改定

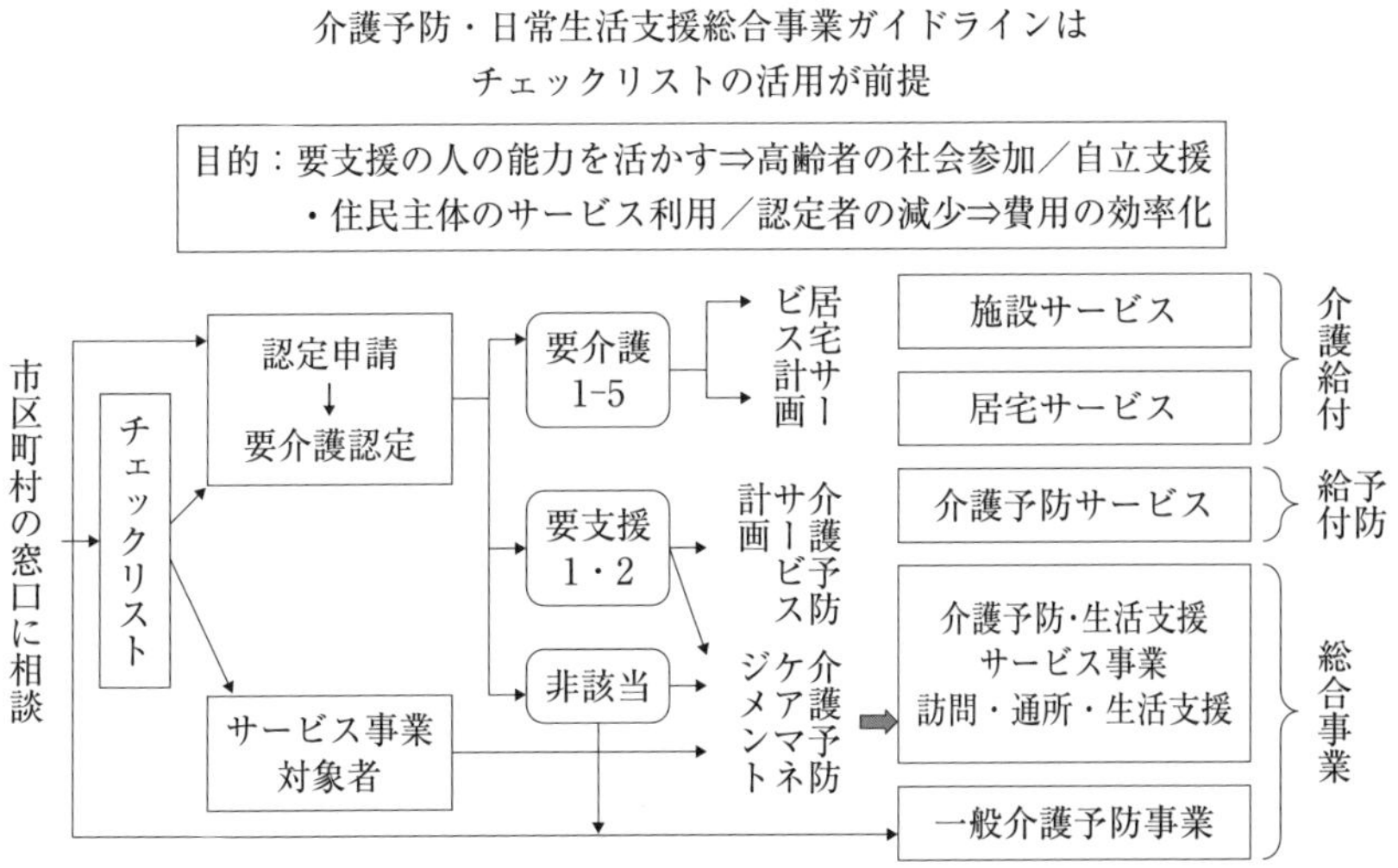

出典：厚生労働省の資料を基に筆者作成.

図3　介護予防・日常生活支援総合事業のイメージ

二〇一四年の四回目の介護保険法改定時には、医療保険関係の法律とともに合計一九もの法律が改定された。医療は病床の機能別分化を行い、「施設から地域へ」「医療から介護へ」移行する方向で、認知症施策も入院、入所から地域で認知症をケアする方向への転換が行われた。また、退院後は地域でかかりつけ医と連携し、地域では地域包括ケアにより、医療・介護が連携する。そのコーディネートをケアマネジャーや地域包括支援センターが行うようにシステム化された。

また、診療報酬も地域包括ケアの観点から改定された。主な内容は、①機能強化型訪問看護ステーションの創設（ただし居宅介護支援併設が条件（二四時間対応、ターミナルケア、重症度の高い患者の受け入れ））、②地域包括診療料の創設（慢性患者に継続的・全人的医療を提供（高血圧症、糖尿病、脂質異常症、認知症のうち二つに対応））、③維持期リハビリをケアマネジャーと連携して行い、介護保険に移行した場合の支援料を創設、④在宅受け入れ、在宅復帰支援の実績による地域包括ケア病棟入院料の新設、であった。

介護保険法の改定では、要支援の訪問介護と通所介護が市区町村の介護予防・日常生活支援総合事業（総合事業）に移行した（**図3**）。また、特養に入所できるのは要介護3以上の人とされ、施設とショートステイの補足給付に条件がつき、所得に応じて二割負担が導入された。また、医療、介護、予防、住まい、生活支援の五つを日常生活圏で確保する地域包括ケアが法制化された。

史上最大のマイナス改定——第五回介護報酬改定

二〇一四年の医療・介護の法律改定を受け、翌二〇一五年に行われた第五回介護報酬改定はマイナス二・二七％となり、実質史上最大のマイナスとなった。内容は以下の通りである。

①利用者負担増

・六五歳以上に、所得により二割負担（介護保険給付を七四〇億円削減）
・住民税非課税であっても、補足給付に預貯金による制限（ケアマネジャーは毎年預金通帳のコピーを確認）

②サービス利用者の削減

・要支援の訪問介護とデイサービスは市区町村の総合事業に移行（要支援の四三・五％が予防通所介護、四二・二％が予防訪問介護を利用している）

・介護認定ではなくチェックリストの活用
・特養入所は要介護3以上（要介護2以下で在宅生活が困難な人は自費の有料老人ホームへ？）
③保険者機能の市区町村への移行
・ケアマネジメント事業の指定は市区町村に移行（二〇一七年実施）、主任ケアマネジャーに更新制導入、居宅の集中減算導入（一事業所で八〇％集中の場合、ケアマネジャーの報酬減）
・住宅改修の事前届出制（市区町村へ）
・小規模デイサービス（一八人以下）を地域密着型に移行し、小規模多機能型のサテライトに
・お泊りデイサービスの届出制
④地域包括支援センターの機能強化（生活支援コーディネーター配置、地域ケア会議、在宅医療・介護連携、認知症初期集中支援チーム、認知症地域支援推進員が業務追加）
⑤集合住宅減算（養護老人ホーム・軽費老人ホーム・有料老人ホーム・サ高住にサービス事業所が併設、隣接の場合に減算、または利用者数で減算導入）

この史上最大のマイナス改定のショックが続くなか、二〇一六年に「ニッポン一億総活躍プラン」が閣議決定され、全世代型社会保障が打ち出されたが、結局のところこのプランは働き手を増やす経済政策であった。二〇一八年の未来投資会議では六五歳以上の継続雇用が提言され、二〇二〇年二月に七〇歳までの就業機会確保が閣議決定された。

二〇一八年、生活困窮者自立支援制度でも就業促進が打ち出され、加えて障害者雇用率もこの年から引き上げられ、二〇二一年にはさらに引き上げられることが決まっている。国は、勤労者

が広く被用者保険でカバーされる、勤労者皆保険制度の実現を目指しているのである。このために、全世代型社会保障制度を目指して雇用者を増やしているということでもある。

また、二〇一六年には地域共生社会の実現を目指して「我が事・丸ごと」地域共生社会実現本部が設置された。

三割負担の導入――第五回介護保険法改定

二〇一七年、五回目の介護保険法改定が行われた。改定のポイントは次の通りである。①「共生型訪問介護・共生型デイサービス・共生型ショートステイ」の誕生：「障害者の訪問介護・デイサービス・ショートステイ」が介護保険の指定事業所になることができる。②三割負担の導入：二〇一五年に二割負担を導入したばかりにもかかわらず、所得に応じて三割負担が導入された（二〇一八年八月から）。③総報酬制の導入：第二号被保険者の被用者保険等保険者の保険料にあたる介護給付費、地域支援事業支援納付金の額の算定が、人数比例から健康保険加入者の所得に応じた配分に改定された。④市区町村の保険者機能強化：介護保険において、都道府県から市区町村へ権限（責任）を移行させる方向性は、第一回介護保険法改定（二〇〇五年）から出されていたが、その後もジワジワと拡大し、第五回改定で、要介護認定率や地域支援事業でインセンティブ交付金を出すなど競争強化が進んだ。

さらに、市区町村のサービス量を公募制や総量規制でコントロールする方向も検討され、地域密着型のサービス普及のために都道府県の訪問介護やデイサービスの指定に市区町村が協議を求めることなども提起されている。極めつけは市区町村の成果に合わせて現金を市区町村に出す「財政的インセンティブ(保険者機能強化推進交付金)」の規定の整備である。これは要介護認定率の項目などについて、全国の市区町村を順番に並べ、自立支援、重度化防止で成果の出た市区町村に現金を出すというもので、市区町村競争システムの導入である。

こうした改定に関連して、以下のことも行われた。まず、老人福祉法の改定により、有料老人ホームの指定取り消しが制度化された。これには特定施設の取り消しも連動する。また、ケアマネジメントの標準化のために、二〇一九年二月に三〇〇〇万円の予算が閣議決定され、日本総合研究所に委託された。医療介護の連携強化として、介護療養型医療施設の廃止期限は六年間延長されるとともに、長期療養を必要とする要介護者を対象とした介護医療院が制度化され、第二種社会福祉事業になった。さらに、要介護認定の有効期間が六五歳以上は三年まで延長可能になり、前回と同じ介護度の場合には、「簡素化」のために、認定審査会で論議しないで同じ介護度にすることが可能になった。次の改定では有効期間を四年とする案が出ている。

生活援助外し、福祉用具に上限設定の報酬改定——第六回・第七回介護報酬改定

介護保険法改定に合わせて、二〇一八年に六回目の介護報酬改定が行われ、プラス〇・五四%となった。この改定では、在宅介護の三大サービスである福祉用具、訪問介護、デイサービスの報酬が集中的に切り下げられた。

福祉用具は二〇一八年一〇月から単価を毎年見直すこととなり、標準偏差で全国平均を一六%

以上上回る場合は自費になった。

訪問介護は、資格要件からヘルパー三級が外れ、資格がなくても「緩和型研修」受講者が生活援助をすることができるようになり、介護度別の月の生活援助サービスの回数を超えたケアプランを事前に市区町村に提出させ、市区町村を通じて「適正化」することが制度化された。

デイサービスは、大規模な減算が行われた。報酬は介護度別一時間単位に変更され、ADL（日常生活動作）を点数化して半年後の改善度に応じて加算をつけることになった。

そのほか、ケアマネジメントでは、居宅介護支援事業所の管理者は二〇二一年から主任介護支援専門員に限られることになった（その後条件つきで六年間延長になった）。二〇一八年の時点で四三％の事業所には主任介護支援専門員がいないなかで、厳しい改定になった。その反面、国が進める上限設定サービス（小規模多機能型、看護小規模多機能型、定期巡回・随時対応型訪問介護看護）などには、医療介護総合確保基金から、市区町村を通じて開設資金と備品装備に補助金が出ることになった。

翌二〇一九年一〇月の消費税アップにより、介護報酬が〇・三九％引き上げられ（七回目の改定）、介護職の処遇改善加算、利用者負担増となった。

制度開始から二〇年、介護保険は相次ぐ改定に翻弄され、また介護保険の給付抑制と自己負担増に高齢者とその家族も翻弄されてきたが、二〇一九年の参議院選挙で、れいわ新選組から立候補したALS（筋萎縮性側索硬化症）患者の舩後《ふなご》靖彦《やすひこ》氏と脳性まひの木村英子氏が当選し、議員として声を上げたことは、一筋の光であった。当選後、二人はさっそく障害者の重度訪問介護の見直し（就学・就労等への適用）を提起しており、今後も障害者福祉・高齢者福祉の充実に向けた取り組みが期待される。

表1　2020年介護保険法改定の概要

1	介護給付・サービス削減		
	ケアマネジメントに自己負担導入	➡	今回見送り
	要介護1・2の生活援助，デイサービスは介護保険から除外し，総合事業へ	➡	今回見送り
	居宅介護支援管理者は主任介護支援専門員に限定	➡	6年間延長
2	介護給付・サービスの効率化		
	地域支援事業の有効活用(さらなる拡大)		
	市区町村への成果に合わせた現金給付(さらなる拡大)		
3	介護負担のさらなる見直し		
	2割負担の対象者拡大	➡	今回見送り
	多床室の室料自己負担，施設への給付削減	➡	今回見送り
	ショートステイ，施設の住民税非課税世帯の食費自己負担額増額(補足給付の切り下げ)	➡	非課税世帯に2万2000円上乗せ徴収
	高額介護サービス費の基準額変更(高所得者4万4000円)	➡	9万3000円 ／ 14万100円に引き上げ
4	介護認定有効期間の延長	➡	前回と同じ介護度の場合は4年延長可能

出典：厚生労働省の資料を基に筆者作成.

しかし同年、①ケアプランの有料化、②要介護1と2の生活援助、デイサービスの総合事業移行、③二割負担の対象者拡大などの第六回介護保険法改定案が社会保障審議会に提出された。これに対して市民がいちはやく反対運動を起こし、結果として①②③は先送りになったが、特養などを利用する低所得者の自己負担引き上げ（補足

表 2　黒字続きの介護保険

（百万円）

年度	歳入	歳出	財政安定化基金拠出金	地域支援事業	基金積立金	介護給付費準備基金保有額
2000（平成 12）	3,800,035	3,589,877	22,142	—	113,983	112,252
2001（平成 13）	4,656,612	4,552,963	23,075	—	86,787	188,765
2002（平成 14）	5,047,969	4,983,532	22,607	—	43,392	194,396
2003（平成 15）	5,486,275	5,407,034	4,986	—	53,751	225,934
2004（平成 16）	5,930,853	5,828,866	5,130	—	32,802	202,093
2005（平成 17）	6,231,257	6,105,336	4,980	—	25,007	166,257
2006（平成 18）	6,568,831	6,340,094	4,369	101,889	55,252	214,015
2007（平成 19）	6,918,883	6,743,671	4,138	119,218	107,960	317,781
2008（平成 20）	7,235,052	7,046,869	4,049	152,603	159,703	404,965
2009（平成 21）	7,538,262	7,417,417	4	161,825	83,071	442,630
2010（平成 22）	7,832,641	7,731,758	—	166,889	39,098	396,163
2011（平成 23）	8,209,330	8,111,041	—	165,330	32,538	284,815
2012（平成 24）	8,787,477	8,654,528	—	171,049	78,040	312,270
2013（平成 25）	9,164,964	9,017,242	—	176,353	57,955	315,359
2014（平成 26）	9,614,200	9,444,600	—	184,900	59,400	302,400
2015（平成 27）	9,933,700	9,724,400	—	203,400	105,200	388,000
2016（平成 28）	10,237,100	9,947,200	—	274,200	105,000	475,900
2017（平成 29）	10,688,900	10,402,400	—	440,100	137,600	578,600
2018（平成 30）	10,986,000	10,694,700	—	540,500	142,700	694,700

出典：厚生労働省介護保険事業状況報告（各年）および厚生労働省介護給付費等実態調査の概況（4 月審査）各期（3 年ごと）の介護保険料（全国平均）を基に筆者作成.

給付の切り下げ）、高所得世帯の自己負担上限の引き上げは実施された（**表1**）。

なお、二〇二〇年一〇月二二日の厚生労働省令の改定で、二〇二〇年四月から総合事業の対象が要支援1・2の人だけでなく、要介護1から5の人にも拡大された。これは介護保険本体を骨抜きにしかねない動きであり、問題が大きい。

介護保険は黒字が続いており（**表2**）、財源不足を理由にサービスを切り下げることは許されない。今後も介護保険の動向を注視していかなくてはならない。

おわりに

樋口恵子

介護保険制度新設の検討が始まったのは、当時の社会保障制度審議会が介護保険創設を示唆し、一九九四年厚生省内（当時）に「高齢者介護・自立支援システム研究会」（システム研）が設置されてからのことです。私はそのメンバーの一人に指名されました。急激な高齢化へ人口構成が変化するなかで、現実に介護を担う女性の視点から、私たちは一九八三年「高齢化社会をよくする女性の会」（一九九四年、「高齢社会をよくする女性の会」と改称）を創設。私がその代表だったからだと思います。介護の社会的支援は、私たちの活動目標の一つでした。

システム研（座長大森彌《わたる》・東大教養学部長）がその年一二月に発表した報告書は、「今後の高齢者介護の基本理念」を「自立支援」と位置づけています。「「お世話」の面にとどまりがちであった」介護から、「例えば車椅子で外出し、好きな買い物ができ、友人に会い、地域社会の一員として様々な活動に参加する」ことの支援への転換です。

その後、議論の場は正式な審議会に移り、そこで引き続き介護保険制度創設の議論が行われました。予想以上の対立、激論となり、戦後五〇年間、地域に根強く存在した男尊女卑、性別役割分業、家父長的家制度を向こうに回していることを自覚させられ、背筋が寒くなることもありましたが、介護する側／される側のしあわせを一歩でも進めたいと勇気を奮い起こしました。

介護保険制度創設が検討された九〇年代は、経済が停滞したことから「無策の一〇年」と呼ばれますが、二一世紀志向の新しい法律・制度がいくつも創設された時期でした。たとえば介護保険法と全く同時期に検討された地方分権推進法。私はこの法律に基づいて設置された地方分権推進委員会の委員も務め、これで憲法に定められた「地方自治」の権利がやっと一歩進み、身近なことは地域の人が決める介護保険法とともに、民主主義の双子の誕生だと思いました。だから介護保険法のなかには、未来を開くたくさんの鍵が埋め込まれています。政策に住民が、被保険者が意思を反映して参画できるような装置です。

介護保険法第一一七条一一項を読み直してみましょう。「市町村は、市町村介護保険事業計画を定め、又は変更しようとするときは、あらかじめ、被保険者の意見を反映させるために必要な措置を講ずるものとする」。さらにこの条項に関する省令の基本指針には、「公募その他の適切な方法による被保険者を代表する地域住民の参加に配慮する」と記されています。

今、世界的に見て日本女性の社会的・政治的地位の低さが話題になっていますが、男女含めて高齢者も政治的決定権から排除されています。多くの政党に立候補年齢制限がありますし、政府の審議会は「七〇歳定年」と聞いています。とくに女性は、女性であることを理由に排除され、次に年齢で排除され、高齢女性の意思が反映される機会はごくわずかです。七五歳以上の後期高齢者ともなればなおさらです。この年代の女性の人口は男性の一・五倍であるにもかかわらず……。

だから高齢者は、とくに女性高齢者は、このような人生百年型社会の初代として、介護保険利用者多数派として声を上げ、この制度を通して社会に提言していく責任があると思っています。

高齢者よ、高齢女性よ、介護保険の現実に失望しつつ絶望をせず声を上げていこうではありませんか。本書はその一つの重要なまとめです。

第二刷追記　コロナ禍のもとで介護は……

上野千鶴子

二〇二〇年一月一四日、「介護保険の後退を絶対に許さない！　1・14院内集会」は、今から思えばぎりぎりのタイミングだった。衆議院議員会館第一ホール定員三〇〇人を埋め尽くした熱気は、「三密」そのものだったからだ。第二刷にあたって、コロナ禍が介護業界に与えた影響を追記しておきたい。

二月二四日に政府の専門家会議が「新型コロナウイルス感染症対策の基本方針の具体化に向けた見解」を発表、二七日には安倍晋三首相が唐突に全国の小中学校に三月二日から春休みまでの休校を要請した。その後四月七日から五月六日までの一カ月間、政府の緊急事態宣言が発出された。

四月末までに全国の高齢者入所施設で五五〇人余が感染、うち約一〇％にあたる六〇人が死亡、国内死者の一五％を占めていることをＮＨＫが報道。感染した高齢者の死亡率も高い。イギリスやイタリアでは高齢者施設でのクラスター感染が各地で頻発、死者中の高齢者割合は五〇％以上に達した。医療対応が追いつかない状況で、高齢者には呼吸器などの医療資源を優先しないという苛酷なトリアージがおこなわれたと聞く。

介護保険事業には大きく分けて施設系、通所系、訪問系があるが、コロナ禍は事業の種類によって異なる影響を与えた。

多くの高齢者施設は早い時期に閉鎖、家族や訪問者との接触を禁じ、ショートステイも受け入れを止めた。この対応のおかげで日本の高齢者施設は諸外国に比べてクラスター感染の発生を低く抑えることができたが、影響は利用者にあらわれた。家族との接触を失ったり、施設内に閉じこめられて運動や刺激のなくなった高齢者のなかには、認知症が進行したり、気力や体力が衰えたり、表情を失ったひとびともいたと施設職員は証言する。経営上は、入居者の出入りがないために施設の収支構造はコロナ禍のもとでも安定していたといわれるが、子育て中やハイリスクの職員のなかには感染を怖れて離職する者もあり、現場の人手不足に拍車がかかった。

もっとも大きな打撃を受けたのは通所系である。休校要請にともなって保育所も休園したところが多いが、高齢者の通所施設も閉鎖や休業があいつぎ、四月二〇日までに全国で八五八の通所系事業所が休業に追い込まれた。休校要請は「ケアは誰がするのか？」と見えないケアを見える化し、子どものケアのために休業した保護者に「休業支援金」を支払うことになったが、高齢者のケアには同じような支援は届かなかった。勤労者世帯の共働き率は六割以上、すでに家に誰かが四六時中待機していることを期待できない時代である。デイサービスに行けなくなった年寄りは家にいるほかない。厚生労働省は通所事業所に、一日一回の訪問をもってサービスに代えることを認めたが、おざなりな代替案だった。

しわ寄せは訪問介護事業所に来た。介護保険二〇年のあいだに高齢者の独居率は上昇している。要介護の独居高齢者が訪問介護を受けられなければ、食事も排泄もできない追いつめられた状況にあった。

医療とならんで介護現場もまたコロナとの戦争の最前線だった。医療現場の危機や疲弊に対しては訴える声も大きく、感謝の声も聞かれたが、介護現場の危機や疲弊に対しては、配慮がなかなか届かなかった。現場のヘルパーたちは、感染リスクの情報もなく、防具も装備も不足した無防備な状態で、発熱した利用者宅を訪問しなければならなかった。切迫した状況に対して、四月一〇日、暮らしネット・えん代表の小島美里さんら四事業所と訪問ヘルパーは「訪問系サービスにおける新型コロナウイルス対策の要望書」を国に提出した。

医療現場と同様に、介護現場でも人手不足が深刻化した。それ以前から訪問介護はもっとも条件の悪い職種であり、現場は慢性的な人手不足にあえいでいた。政府は医療現場の人手不足については、退職看護師、保健師等の再活用を訴えたが、介護現場の人手不足に対して提示した示唆はおどろくべきものだった。訪問介護に無資格ヘルパーを使ってもよいとしたのだ。これには現場の怒りが沸き起こった。医療職に対しては無資格者を使ってよいとは決して言わないのに、介護職に対しては無資格者ＯＫ、という態度ほど、ケアという労働に対する政策決定者のホンネをあらわにするものはない。つまり政策決定者たちは、今日に至るまで、ケアとは「女なら誰でもできる非熟練労働」だと見なしているのだ。

六月には介護報酬の特例(上乗せ)についての厚労省の通達がまた現場を唖然とさせた。ケアプランにある通常の利用区分の二区分上位の介護報酬を請求してもよいとしたからだ。一見「事業者にやさしい」政策に見えるが、増加分の自己負担は利用者にまわる。コロナ対策の負担を利用者に負わせ、利用者と事業者との利害を対立させることに現場の怒りが集った。

一〇月三〇日に厚労省が発表した「新型コロナウイルス感染症の介護サービス事業所の経営へ

の影響に関する調査研究事業（速報）」によれば、コロナ禍の影響で収支が「悪くなった」と回答した事業所は五月で四七・五％、一〇月で三二・七％、とりわけ通所系では高い傾向にある。利用控えがあっただけでなく、感染予防対策の物品費（マスク、手袋、消毒液など）が七割以上の事業所で「増加している」。通所介護では利用者の利用控えが八一・七％、収支が「悪くなった」が七二・六％、休業は七・三％にのぼった。「新型コロナウイルス感染症拡大防止に関わる取組に関する通所介護事業所への調査」では、回答した約一八〇〇の事業所で介護報酬の上乗せ特例を利用した事業所は五〇・六％と半数にとどまる。同時に公表した二〇二〇年度「介護事業経営実態調査」によれば、前年度に比べて収支差率（収益率）が平均〇・七％のマイナスと軒並み減少、とくに訪問介護の落ち込みが一・九％と大きい。東京商工リサーチの調べによれば、すでに二〇一九年度に介護事業所の倒産は一一一件、二〇二〇年度にはコロナ倒産が一一八件と過去最多、加えて休業廃業が一〇月までで四〇六件にのぼる。二〇二一年四月に三年に一回の介護報酬改定が予定されているが、コロナ対策特例措置で〇・〇五％増、改定率は〇・七％増と小幅。マイナス改定ではないが、これでは現場の窮状の打開は望み薄だろう。

一〇月二二日厚労省の省令改正で、二〇二一年四月から「介護予防・日常生活支援総合事業」の対象を要介護認定者にも拡大したことは、一年前の私たちの予測をほぼ裏づけるものだった。要支援は介護保険外事業だから、要介護に移行する際にケアマネも事業所も変更される。それを同じ事業者が「（利用者が希望すれば）継続してよい」としたのは、これも一見利用者に沿った施策に見えるが、実際には「してよい」が「すべし」に変わるのは時間の問題だろう。本書でも明らかなように、市町村に責任を丸投げした「総合事業」なるものが、介護保険よりも低料金の不安定な事業であり、地域格差も大きいことはつとに指摘されてきた。公益社団法人「認知症の人と家族の会」は厚労大臣宛に、「要介護認定者の総合事業移行は絶対に認められない――要介護者の介護保険外しに道を拓く「省令改正」は撤回すべき」との緊急声明を出した。

介護保険が後退すれば、次に待つのは何か？　ようやく介護の社会化、すなわち脱家族化の第一歩を印したというのに、足りない分は「自助で」という政権が期待するのは、再家族化か、さもなくば市場化の二択である。再家族化のもとでは介護離職は増え、介護虐待も起きるだろう。そして介護家族自身の老後が、深刻な問題としてのしかかるだろう。もう一方では介護の市場化、すなわち介護保険の「混合利用」の勧めという高齢者のフトコロからお金を放出させる作戦が待っている。すでに二〇一六年三月に政府は「地域包括ケアシステム構築に向けた公的介護保険外サービスの参考事例集(保険外サービス活用ガイドブック)」を作成している。老後の沙汰もカネ次第……。それがわたしたちを待つ近未来だとしたら、格差社会に生きる高齢者は「長生き地獄」を嘆くほかない。

巻末資料 1　介護保険略年表

（服部万里子作成）

介護保険法をめぐる出来事	概　要
1997（平成 9）年 12 月 介護保険法制定	介護保険制度施行までの期間に保険者（市区町村）・被保険者，要介護認定制度，介護保険サービス，介護度別の利用限度額，サービス利用計画を立てるケアマネジメントなどを決め，サービス事業所を指定する．市区町村が 65 歳以上の保険料を設定，徴収を国保代行．
2000（平成 12）年 4 月 介護保険制度開始	1999 年から施設入所中，入院中，在宅の者の要介護認定実施．サービス事業所を指定，市区町村は介護保険事業計画を作成．65 歳以上の介護保険料決定．
2003（平成 15）年 4 月 介護報酬改定（第 1 回）	介護報酬 2.3% 引き下げ．在宅重視，自立支援，介護予防，訪問介護の生活支援は報酬減額，身体介護増額．
2003（平成 15）年 4 月 支援費制度が失敗，見直しへ	障害者の支援費制度が発足したが，精神障害，難病が除外されており，措置から契約に変わり，財源の不足などの点から見直し．2006 年施行の障害者自立支援法へ．
2005（平成 17）年 10 月 介護保険法改定（第 1 回）	①要介護 1 が要支援 2 に，②地域密着型サービス導入，③小規模多機能型サービス導入，④事業所の 6 年ごと指定更新制導入，⑤介護予防事業開始，⑥地域包括支援センターの設置，⑦主任介護支援専門員の導入．
2006（平成 18）年 4 月 介護報酬改定（第 2 回）	介護報酬 2.4% 引き下げ．要介護 1 は要支援移行で限度額減額，在宅重視，自立支援，ケアマネに特定事業所加算（予防プラン受託は対象外），施設に居住費導入，食事は人件費も自費に変更，その分施設は報酬減額，補足給付導入．
2006（平成 18）年 4 月 高齢者虐待防止法施行	前年に法制化（虐待，死亡，心中増加が背景）．その後も虐待件数は増加．
2006-07（平成 18-19）年 コムスン事件	2006-07 年，コムスンによる介護報酬の不正請求等が発覚．改善勧告に「事業所指定取り下げ」で対応したため，5 年間指定更新を受けられなくなり，都道府県ごとに売却され，コムスンは介護業界から撤退．
2008（平成 20）年 介護保険法改定（第 2 回）	コムスン事件で臨時の介護保険法改定．①法令順守，業務管理体制の担当者等の届出，②事業所等へ立ち入り検査，改善勧告，改善命令，③事業廃止，休止届けは 1 カ月前まで，④連座制は届出先が判断できるように変更．

2009(平成 21)年 介護報酬改定(第 3 回)	介護報酬 3.0% 引き上げ．地区加算で増減，専門職配置と常勤率で加算，認知症加算など．
2011(平成 23)年 介護保険法改定(第 3 回)	サービス付き高齢者向け住宅併設の上限設定型サービス，定期巡回・随時対応型訪問介護看護，看護小規模多機能新設．
2012(平成 24)年 介護報酬改定(第 4 回)	介護報酬 1.2% 引き上げ(実質マイナス 0.8%)．地域包括ケア，サービス付き高齢者向け住宅と上限設定型サービス併設，介護職による医療行為の解禁．
2014(平成 26)年 介護保険法改定(第 4 回)	合計 19 の関連法が改定．要支援の訪問介護と通所介護は総合事業へ，特養は要介護 3 以上，補足給付に条件設定，所得に応じ 2 割負担，地域包括ケアの法制化．
2015(平成 27)年 介護報酬改定(第 5 回)	介護報酬 2.27% 引き下げ．2 割負担，補足給付，要支援の地域移行．①中重度・認知症対応強化，②介護人材確保，③サービス評価，効率的な提供体制，④集合住宅の減算見直し．
2017(平成 29)年 介護保険法改定(第 5 回)	市区町村の介護改善に交付金，障害・児童福祉と共生サービス，所得に応じた 3 割負担．介護医療院，共生型サービスの制度誕生．
2018(平成 30)年 介護報酬改定(第 6 回)	介護報酬 0.54% 引き上げ．介護職処遇改善，3 割負担，福祉用具上限設定，生活支援回数設定，市区町村に介護度改善で交付金，共生型サービスの単価設定など．
2019(令和 1)年 10 月 介護報酬改定(第 7 回)	消費税増税で介護報酬，介護度別限度 0.39% アップ，食費などアップ，介護職等の処遇改善加算導入．
2020(令和 2)年 介護保険法改定(第 6 回)	介護認定有効期間を 4 年まで延長(調査員はケアマネ以外でも可)，高額介護サービス費の支払い基準額アップ，住民税非課税世帯のショートステイ，施設の食費負担額アップ，インセンティブ交付金の倍増など．要介護 1 と 2 の総合事業への移行，ケアプランの有料化，2 割負担の対象者拡大などは先送り．
2020(令和 2)年 6 月 社会福祉法等の一部改定 (2021 年 4 月施行)	社会福祉連携推進法人制度の創設，包括的支援体制の構築支援，介護人材確保や業務効率化の取組強化など．
2020(令和 2)年 10 月 厚生労働省令改定 (2021 年 4 月施行)	総合事業の対象に要介護認定者も加え，市町村が総合事業のサービス単価を国が定める上限を超えて設定できるようにした．

巻末資料2　介護保険の後退を絶対に許さない！　1.14 院内集会　声明文

Ⅰ．はじめに

介護保険制度は，2000(平成12)年，高齢社会に必須の営みである介護を，社会全体で支え合うべくスタートしました．それまで家族の中に閉ざされていた介護が見える化され，介護の社会化への一歩を踏み出しました．私たちは，介護保険制度20周年を迎える記念すべき年に，この間の変化を見据えつつ，令和最大の課題の1つである介護保険制度のこのたびの改定の動きに強い危機感を抱き，今後への要望を提出いたします．

Ⅱ．今回改定の内容について

社会保障審議会(介護保険部会・介護給付費分科会)に先立って，財務省財政制度等審議会に提出されたという今回の改定案は，最初に「財政ありき」の内容で私たちを怒らせ，驚かせました．

1）要支援はずしは許さない！

すでに2014年改定で要支援1，2の訪問介護とデイサービスは介護保険からはずされ，自治体の介護予防・日常生活支援総合事業に付け替えられました．サービスの提供は，「ボランティアなど多様な担い手」とされていますが，現状ではそのような担い手はごく少数です．また要支援・要介護でサービス形態を分けることは，高齢者を分断することにつながります．厚生労働省の方針である「健康寿命の延伸」に大きく反する政策であり，要支援者のコミュニケーション機会を奪うものです．

2）要介護1，2はずしは許さない！

要支援に続き，要介護1，2の訪問介護・生活援助と通所介護の総合事業への移行が目論まれていますが，要介護1，2は軽度とはいえず，在宅介護が困難になる人々が多数います．

とりわけ認知症では要介護認定が軽度でも介護の負担が大きいことは知られています．他方，特養ホームの入居資格が要介護3以上と厳格化され，行き場に悩む人たちが増えています．将来的には要介護3以上の中・重度者だけに介護保険の利用を制限する方向を目指していることを，強く危惧します．

3）生活援助はずしは許さない！

生活援助があってこそなりたつ「在宅介護」です．在宅介護は身体介護と生活援助を一体的に受けることで成り立ちます．一人ひとり暮らしの流儀の違う在宅での支援は，マニュアル化ができず，専門性が求められるプロのスキルが必要です．

4）ケアプラン有料化を許さない！

ケアプランを有料化すれば，ケアマネジャーの利用抑制が必ず起こり，ケアマネジャーの独立性がますます損なわれます．介護保険利用の入り口を狭める有料化は許されません．

5）「現役並み所得」「一定以上所得」の利用者負担率の上昇を許さない！

介護は医療と違って回復をのぞめず，介護保険利用が長期にわたることが予想されます．すでに利用者負担率の上昇にともなって，利用抑制が起きていることが現場から報告されています．利用者負担率の上昇については慎重な議論をのぞみます．

6）介護報酬の切り下げを許さない！

介護職の処遇改善に力を入れていると言い続けて何年も経ちますが，いまだに全産業の平均賃金より 9 万円も低いのが現状です．施設介護よりもさらに賃金水準が低いのが訪問介護．介護職あっての高齢者の在宅生活を確保するために，介護職の離職を防ぎ，定着し，誇りをもって働ける待遇改善を求めます．

介護保険スタートから 20 年．度重なる改定は，利用制限と利用料上昇の歴史であり，私たちは介護保険が「だんだん使えなくなる」，その結果「おうち(在宅)がだんだん遠くなる」危機感を抱いています．

政府から出される介護保険制度改定案は，つねに最初に「財政ありき」でした．もちろんそこから目をそらすことはできません．しかし一方で，この 20 年の介護環境の変化をきちんと政策形成に取り入れているか，また現場の利用者，働く人々の声を政策過程に適切に反映させているかを，見直す必要があります．

介護保険が「だれひとり置き去りにしない」制度として，利用者，家族，ならびに働く人々に安心と安全を保証することを，心から求めます．

2020 年 1 月 14 日

介護保険の後退を絶対に許さない！　1.14 院内集会　参加者一同

上野千鶴子
1948年生まれ．認定NPO法人ウィメンズアクションネットワーク理事長．東京大学名誉教授．社会学者．『おひとりさまの老後』(法研，2007年／文春文庫，2011年)，『ケアの社会学』(太田出版，2011年)，『おひとりさまの最期』(朝日新聞出版，2015年，朝日文庫，2019年)，『ケアのカリスマたち』(亜紀書房，2015年)ほか著書多数．

樋口恵子
1932年生まれ．NPO法人高齢社会をよくする女性の会理事長．東京家政大学名誉教授．評論家．『老い方上手』(上野千鶴子他と共著，WAVE出版，2014年)，『2050年 超高齢社会のコミュニティ構想』(若林靖永と共編，岩波書店，2015年)，『老〜い，どん！ 70〜90代あなたにも「ヨタヘロ期」がやってくる』(婦人之友社，2019年)ほか著書多数．

介護保険が危ない！　岩波ブックレット 1024

2020年 4月7日　第1刷発行
2022年 11月4日　第4刷発行

編　者　上野千鶴子《うえのちづこ》　樋口恵子《ひぐちけいこ》

発行者　坂本政謙

発行所　株式会社 岩波書店
〒101-8002 東京都千代田区一ツ橋 2-5-5
電話案内 03-5210-4000　営業部 03-5210-4111
https://www.iwanami.co.jp/booklet/

印刷・製本　法令印刷　装丁　副田高行　表紙イラスト　藤原ヒロコ

ISBN 978-4-00-271024-2　Printed in Japan

「岩波ブックレット」刊行のことば

今日、われわれをとりまく状況は急激な変化を重ね、しかも時代の潮流は決して良い方向にむかおうとはしていません。今世紀を生き抜いてきた中・高年の人々にとって、次の時代をになう若い人々にとって、また、これから生まれてくる子どもたちにとって、現代社会の基本的問題は、日常の生活と深くかかわり、同時に、人類が生存する地球社会そのものの命運を決定しかねない要因をはらんでいます。

十五世紀中葉に発明された近代印刷術は、それ以後の歴史を通じて「活字」が持つ力を最大限に発揮してきました。人々は「活字」によって文化を共有し、とりわけ変革期にあっては、「活字」は一つの社会的力となって、情報を伝達し、人々の主張を社会共通のものとし、各時代の思想形成に大きな役割を果してきました。

現在、われわれは多種多様な情報を享受しています。しかし、それにもかかわらず、文明の危機的様相は深まり、「活字」が歴史的に果してきた本来の機能もまた衰弱しています。今、われわれは「出版」を業とする立場に立って、今日の課題に対処し、「活字」が持つ力の原点にたちかえって、この小冊子のシリーズ「岩波ブックレット」を刊行します。

長期化した経済不況と市民生活、教育の場の荒廃と理念の喪失、核兵器の異常な発達の前に人類が迫られている新たな選択、文明の進展にともなって見なおされるべき自然と人間の関係、積極的な未来への展望等々、現代人が当面する課題は数多く存在します。正確な情報とその分析、明確な主張を端的に伝え、解決のための見通しを読者と共に持ち、歴史の正しい方向づけをはかることを、このシリーズは基本の目的とします。

読者の皆様が、市民として、学生として、またグループで、この小冊子を活用されるように、願ってやみません。（一九八二年四月　創刊にあたって）

ISBN978-4-00-271024-2
C0336 ¥620E
9784002710242
1920336006202
定価（本体620円＋税）

2020年4月、介護保険制度は開始20年を迎える。しかし、その歩みは切り下げの連続だった。利用者負担が引き上げられる一方で、介護報酬は低く抑制され、財源不足を理由にさらなる改変が検討されている。このままでは、制度はあっても介護サービスを受けられなくなるかもしれない。介護保険のこれ以上の後退を許さず、誰にとっても使いやすいものにするために、ケアの専門家たちが訴える。

岩波書店